SMS
Schnell-Merk-System

Biologie

5. bis 10. Klasse

Duden Schulbuchverlag

Berlin · Mannheim · Leipzig · Wien · Zürich

Inhaltsverzeichnis

1 Lebewesen

Merkmale von Lebewesen

Alle Lebewesen zeigen bestimmte Merkmale, z. B.:
- Bewegung,
- Wachstum, Entwicklung, Tod,
- Fortpflanzung,
- Reizbarkeit und
- Stoffwechsel.

Delfin · Mimose
Welpe → Hund ·
Keimling → Pflanze (↑ S. 15)
Blüte → Frucht (↑ S. 14 f.)
Wachstum zum Licht (↑ S. 13)
Fotosynthese (↑ S. 60 f.)

Nach ihrem Aufbau und ihrer Entwicklungshöhe werden **Lebewesen** in fünf Reiche eingeteilt. Alle Lebewesen bestehen aus **Zellen** (↑ S. 50 f.). Nur die Zellen niederer Einzeller sind kernlos.

- **Kernlose Einzeller** sind primitive Zellen ohne echten Zellkern.

- **Kernhaltige Einzeller** bestehen aus einer Zelle mit echtem Zellkern. Sie bilden mit den Schleimpilzen und den Algen das Reich der Protisten.

Lebewesen
- kernlose Einzeller
- kernhaltige Einzeller
- Pilze
- Pflanzen
- Tiere, Mensch

auch: Prokaryoten
echte Bakterien · Urbakterien

auch: Eukaryoten
Wurzelfüßer (↑ S. 7) ·
Euglenen (↑ S. 7) ·
Sporentierchen · Algen

4

■ Bei **Pilzen** bilden die Zellen meist ein Fadengeflecht, die Zellwände enthalten Chitin.

Hefen · Schimmelpilze · Hutpilze (↑ S. 8)

■ Bei **Pflanzen** besitzen alle Zellen eine Zellwand, die Cellulose enthält.

Moose · Farne (↑ S. 10) · Nacktsamer (↑ S. 11) · Bedecktsamer (↑ S. 12)

■ Bei **Tieren** besitzen die Zellen keine Zellwand und keine Chloroplasten (kein Chlorophyll).

Wirbellose: Schwämme, Hohltiere, Weichtiere, Ringelwürmer, Gliederfüßer
Wirbeltiere: Fische, Lurche, Kriechtiere, Vögel, Säuger

Viren

Viren sind keine echten Lebewesen. Sie bestehen nicht aus Zellen. Ein Virus besitzt außen nur eine Hülle und im Innern die Erbsubstanz, DNA oder RNA (↑ S. 64 f.). Viren haben keinen Stoffwechsel.

HI-Virus:

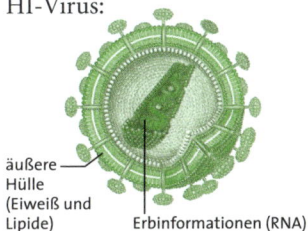

äußere Hülle (Eiweiß und Lipide)

Erbinformationen (RNA)

Viren können Krankheiten hervorrufen:
■ **Bakteriophagen** befallen Bakterienzellen (1).
■ Durch Viren erkranken Nutzpflanzen (2).
■ Viren rufen **Erkrankungen** bei Mensch (↑ S. 28 f.) und Tier hervor (3).

(1) T-Phagen heften sich mit Fasern ihrer Schwanzplatte am Bakterium an.

(2) Tabakmosaik-Virus · Blattroll-Virus

(3) Grippe (Influenza-Viren) · Aids (HI-Virus) · Röteln (Röteln-Virus) · Tollwut (Tollwut-Virus)

Bakterien und andere Einzeller

Bakterien

Bakterien sind einzellige Organismen mit Kernäquivalent, d. h. ohne Zellkern. Sie sind im Mittel 0,5 bis 10 μm groß, können **Kolonien** bilden und vermehren sich durch Spaltung. Bakterien sind Krankheitserreger (↑ S. 28), Zersetzer (↑ S. 90), Symbionten (↑ S. 88) und Gärungserreger (↑ S. 63).

Bakterienzelle:

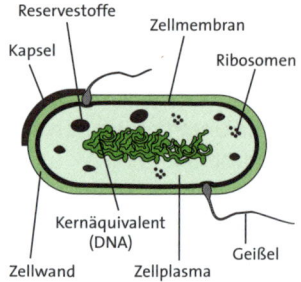

Formen der Bakterien:
■ kugelförmig (Kokken)
■ stäbchenförmig (Bazillen)
■ kommaförmig (Vibrionen)
■ schraubenförmig (Spirillen)

Krankheiten:
Scharlach (Streptokokken)
Milzbrand (Anthrax-Bazillus)

Cholera (Cholerabakterien)

Syphilis (Spirochäten)

Cyanobakterien (Blaualgen) sind einzellige Organismen, die zu den Bakterien zählen. Sie besitzen Farbstoffe zur Fotosynthese (↑ S. 60).

Nostoc, Schwingalge (Oscillatoria)

Enthaltene Farbstoffe:
Blattgrün (Chlorophyll), blaues Phycocyanin, rotes Phycoerythrin

Einzeller

Kernhaltige Einzeller besitzen einen echten Zellkern (↑ S. 50 f.). Sie ernähren sich autotroph (↑ S. 90) oder heterotroph (↑ S. 90).

Das **Pantoffeltierchen** als tierischer Einzeller lebt im Süßwasser. Es pflanzt sich ungeschlechtlich (Teilung) und geschlechtlich fort, ernährt sich von organischen Stoffen im Wasser und bewegt sich mit den Wimpern fort.

Die **Grünalge** Chlorella ist ein pflanzlicher Einzeller, der im Süßwasser lebt. Sie pflanzt sich ungeschlechtlich (Teilung) fort und ist zur Fotosynthese (↑ S. 60) fähig.

Das Augentierchen, **Euglena,** ist ein Geißelträger (Flagellat). Das Wechseltierchen, **Amöbe,** ist ein Wurzelfüßer.

Sie gehören zu den Eukaryoten (↑ S. 4). Einzeller können Erkrankungen (z. B. Malaria) hervorrufen (↑ S. 28). *autotroph:* Chlorella *heterotroph:* Amöbe; Sporentierchen (**parasitisch,** ↑ S. 89)

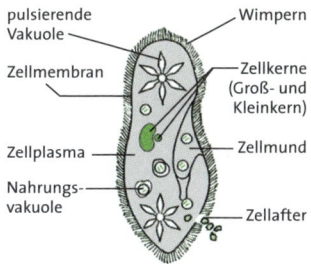

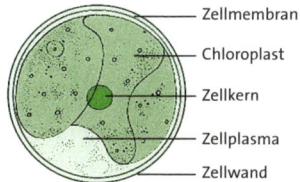

pulsierende Vakuole — Wimpern
Zellmembran — Zellkerne (Groß- und Kleinkern)
Zellplasma — Zellmund
Nahrungsvakuole — Zellafter

Zellmembran
Chloroplast
Zellkern
Zellplasma
Zellwand

Euglena ist sowohl zur organischen Ernährung (im Dunkeln) als auch zur Fotosynthese (unter Lichteinfluss) fähig.

Pilze

Pilze enthalten kein Chlorophyll. Die Zellwand ihrer Zellen enthält Chitin. Zellen höherer Pilze bilden Zellfäden (**Hyphen**), die ein Fadengeflecht bilden.

Hefen sind einzellige Pilze.

Als **Schimmelpilze** werden alle Zersetzer oder Fäulnisbewohner zusammengefasst. Sie bestehen aus Zellfäden mit Sporenträgern.

Verwendung von Wein- und Bierhefe zur alkoholischen Gärung (↑ S. 63)

Der **Pinselschimmel,** Penicillium, wird zur Herstellung von Antibiotika (Penicillin, ↑ S. 29) oder für Camembert und Roquefortkäse verwendet.

Hutpilze

Hutpilze bestehen aus einem unterirdischen Pilzgeflecht, dem **Mycel.** Zur Fortpflanzung bilden sie einen Fruchtkörper mit Hut und Stiel aus. Nach dem Aufbau der Hutunterseite unterscheidet man **Röhrenpilze** und Blätter- oder **Lamellenpilze.** Zur Fortpflanzung werden **Sporen** gebildet.

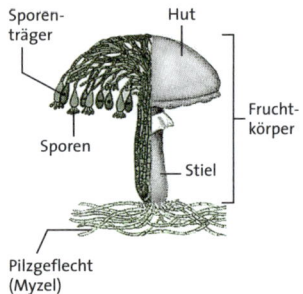

Ernährung der Pilze

Pilze ernähren sich heterotroph (↑ S. 90), da die Zellen kein Chlorophyll besitzen. Sie können Parasiten (↑ S. 89), Saprophyten (Fäulnisbewohner, ↑ S. 90) oder Symbionten (↑ S. 88) sein, je nachdem, woher die organischen Nährstoffe stammen.

Als **Mykorrhiza** wird eine Symbiose zwischen Pilz und Wurzel einer höheren Pflanze (z. B. Bärlapp, Farn, Samenpflanze) bezeichnet, z. B. Birkenpilz und Birke. Die Pilzfäden sind mit den Leitungsbahnen der Wurzel verbunden. Der Pilz liefert Wasser und gelöste Salze, die Samenpflanze liefert die organischen Nährstoffe für den Pilz.

Bedeutung der Pilze

Pilze sind bedeutsam als
- Zersetzer (Destruenten) im Kreislauf der Natur,
- Fäulniserreger (Zersetzung von Lebensmitteln),
- Gärungserreger (↑ S. 63),

- Krankheitserreger (↑ S. 28),
- Nahrungsmittel (Speisepilze),
- Giftpilze,

- Symbionten,
- Grundlage zur Herstellung von Arzneimitteln.

Humusbildung

Schimmelpilze (↑ S. 8)

Backhefe · Weinhefe · Bierhefe

Fußpilz · Mutterkorn (Getreide)

Champignon · Steinpilz

Satanspilz · Knollenblätterpilz

Flechte: Pilz und Alge

Pinselschimmel (Penicillium): **Penicillin** (↑ S. 29)

Pflanzen

Algen

Algen wurden früher den Pflanzen, heute eher den Protisten (↑ S. 4) zugeordnet. Sie kommen als Einzeller, in Kolonien (↑ S. 52) oder mehrzellig vor. Sie leben vorwiegend in Gewässern und sind zur Fotosynthese fähig.

Einzeller: Chlorella (↑ S. 7)
Kolonie: Zackenrädchen
Mehrzeller: Meersalat

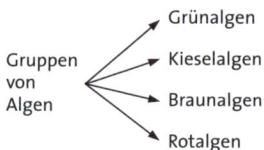

Gruppen von Algen
Grünalgen
Kieselalgen
Braunalgen
Rotalgen

Moose

Moose sind blütenlose Pflanzen ohne echte Wurzel, die sich mittels Sporen fortpflanzen. **Laubmoose** sind in Stämmchen, Blättchen und Rhizoide gegliedert. **Lebermoose** sind flächig aufgebaut.

Laubmoos:

Sporenkapsel mit Sporen

Blättchen
Stämmchen
Rhizoide

Farne

Farne sind blütenlose Pflanzen. Sie sind in Wurzel und Spross gegliedert und pflanzen sich mit Sporen fort. Es findet ein **Generationswechsel** statt.

Adlerfarn:

Blatt (Wedel mit Sporenhäufchen)
Wurzelstock (Rhizom) mit Wurzeln

Samenpflanzen

Samenpflanzen sind die am höchsten entwickelten Pflanzen. Sie sind in Wurzel und Spross gegliedert. Der **Spross** besteht aus Sprossachse, Laubblättern und Blüten. Ihre geschlechtliche Fortpflanzung geschieht durch Samen (↑ S. 14 f.).

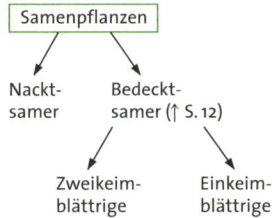

```
         Samenpflanzen
          /        \
    Nackt-      Bedeckt-
    samer       samer (↑ S. 12)
                /        \
         Zweikeim-   Einkeim-
         blättrige   blättrige
```

Nacktsamer

Nacktsamer sind Samenpflanzen. Als **Holzgewächse** haben sie oft nadelförmige Laubblätter und **zapfenförmige Blütenstände.** Die Samenanlage ist nicht in einen Fruchtknoten (↑ S. 14) eingeschlossen. Sie liegt frei („nackt") auf der **Samenschuppe.** Windbestäubung findet statt. Es entstehen Samen, aber keine Früchte.

Kieferngewächse sind forstwirtschaftlich bedeutsam.

Ginkgogewächse · Nadelhölzer

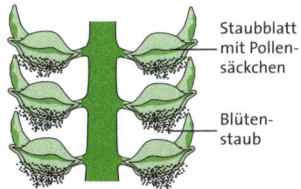

Staubblatt mit Pollensäckchen

Blütenstaub

männliche Blüte (längs)

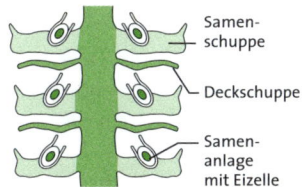

Samenschuppe

Deckschuppe

Samenanlage mit Eizelle

weiblicher Blütenstand (längs)

Bedecktsamer

Bedecktsamer sind Samenpflanzen. Die Samenanlage ist von einem Fruchtknoten umschlossen ("bedeckt"). Es entstehen Früchte und Samen (↑ S. 14 f.).

Zweikeimblättrige:
Hahnenfuß-, Kreuzblüten-, Rosen-, Schmetterlingsblüten-, Lippenblüten-, Korbblütengewächse

Einkeimblättrige:
Orchideen-, Lilien-, Binsengewächse, Süßgräser

Vergleich von ein- und zweikeimblättrigen Pflanzen		
	Einkeimblättrige	**Zweikeimblättrige**
Keimblätter	Keimling mit einem Keimblatt	Keimling mit zwei Keimblättern
Blattadern	Laubblätter parallelnervig	Laubblätter netznervig
Wurzeln	**sprossbürtiges Wurzelsystem:** viele gleichwertige Wurzeln (Büschel)	**Hauptwurzelsystem:** eine Hauptwurzel mit Seitenwurzeln
Sprossachse	Leitbündel verstreut angeordnet	Leitbündel meist ringförmig angeordnet
Blüte	Kelch oft fehlend, Blütenteile meist dreizählig	Blüte meist in Kelch und Krone gegliedert, Blütenteile oft vier- oder fünfzählig
Bestäubung	oft durch den Wind	Tiere oder Wind
Vertreter	Roggen, Weizen, Mais, Quecke	Raps, Erbse, Salbei, Kirsche, Kamille

Pflanzenorgane

Die **Wurzel** verankert die
Pflanze im Boden, nimmt
Wasser sowie gelöste
Stoffe auf, leitet sie und
speichert Stoffe.

Die **Sprossachse** leitet
Stoffe durch die Leit-
bündel, trägt Blätter und
Blüten, kann Fotosyn-
these durchführen und
Stoffe speichern.

Die **Laubblätter** dienen
dem Gasaustausch (Ab-
gabe von O_2 und Wasser-
dampf und Aufnahme
von CO_2). In ihnen findet
Fotosynthese (↑ S. 60)
statt.

Reizbarkeit

Pflanzen reagieren meist
mithilfe von Wuchsstof-
fen auf Reize (↑ S. 37). Der
Spross wächst zum Licht
hin. Die Wurzel reagiert
auf den Schwerkraftreiz.

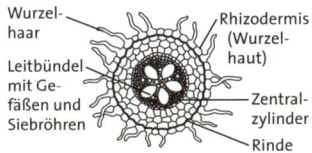

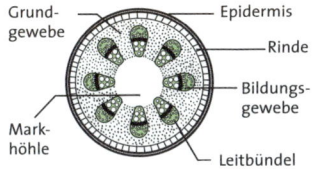

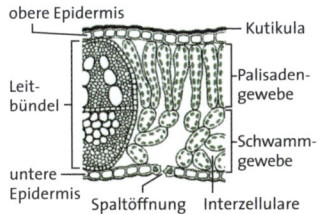

Fototropismus heißt die
Wachstumsbewegung in
Bezug auf den Lichtreiz,
Geotropismus in Bezug auf
den Schwerkraftreiz.

Aufbau der Blüte

Die **Blüte** dient der **geschlechtlichen Fortpflanzung.** Sie besitzt weibliche Teile (Fruchtblätter) und männliche Teile (Staubblätter). Kronblätter locken Insekten an, Kelchblätter schützen Knospe und Blüte.

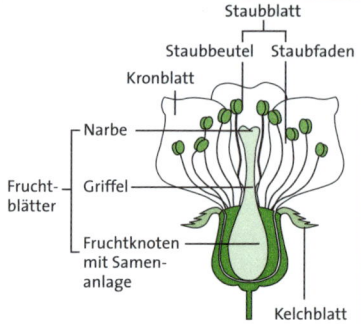

Staubblatt
Staubbeutel Staubfaden
Kronblatt
Narbe
Frucht-blätter
Griffel
Fruchtknoten mit Samen-anlage
Kelchblatt

Bestäubung und Befruchtung

Bestäubung ist die Übertragung des Pollens zu den weiblichen Blütenteilen. **Befruchtung** ist die Verschmelzung der Eizelle mit der männlichen Keimzelle:

Windbestäubung	Insektenbestäubung
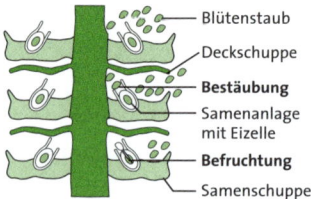 Blütenstaub — Deckschuppe — **Bestäubung** — Samenanlage mit Eizelle — **Befruchtung** — Samenschuppe	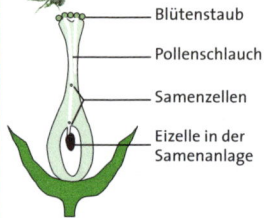 Blütenstaub — Pollenschlauch — Samenzellen — Eizelle in der Samenanlage
Blüte: oft unscheinbar, selten farbig, keine Nektarbildung, Kronblätter können fehlen	Blüte: oft auffällig, farbige Kronblätter, Nektarbildung
Pollen: klein, leicht	Pollen: klebrig
Kieferngewächse (↑ S. 11)	Kirsche (↑ S. 12)

Früchte und Samen

Früchte können sich nur bei Bedecktsamern (↑ S. 12) bilden. Sie entstehen aus dem Fruchtknoten. Im Innern befindet sich der **Samen** mit dem Keimling. Formen von Früchten sind:

Streufrucht	Schließfrucht	Sammelfrucht
Hülse (Erbse)	Nuss (Hasel)	Himbeere
Kapsel (Mohn)	Steinfrucht (Kirsche)	Erdbeere

Sammelfrüchte können Streufrüchte (z. B. Balgfrüchtchen der Pfingstrose) oder Schließfrüchte (z. B. Steinfrüchtchen der Himbeere) sein.
Samen entstehen aus der Samenanlage. Die befruchtete Eizelle entwickelt sich zum Keimling. Samen enthalten Nährgewebe in den Keimblättern.

Samen einkeimblättriger Pflanzen: Getreidekörner, Maiskorn, Reiskorn

Samen zweikeimblättriger Pflanzen: Erbse, Muskatnuss, Senfkorn

Ungeschlechtliche Fortpflanzung

Samenpflanzen können sich auch ungeschlechtlich fortpflanzen. Neue Pflanzen entstehen ohne Bestäubung, Befruchtung und Samen aus verschiedenen Teilen der Samenpflanzen. Formen ungeschlechtlicher Vermehrung sind:

Ausläufer	Senker	Ableger	Brut-zwiebeln	Stecklinge
untere Seiten-triebe, die sich bewurzeln	obere Seiten-triebe, die sich bewurzeln	Tochter-pflanzen an der Mutter-pflanze	Tochter-zwiebeln an der Mutter-zwiebel	abgetrennte Zweige, die sich bewurzeln
Erdbeere Quecke	Brombeere	Agave	Knoblauch	Weide Geranie

Tiere und Mensch

Hohltiere

Hohltiere sind einfache Vielzeller (↑ S. 5, 53), die im Süßwasser oder im Meer leben. Die Körperwand besteht aus zwei Schichten, im Innern ist ein Hohlraum. Sie besitzen Fangarme und oft **Nesselzellen.** Hohltiere pflanzen sich geschlechtlich und ungeschlechtlich fort.

Polypen (Hydra) · Quallen · Blumentiere (Korallen)

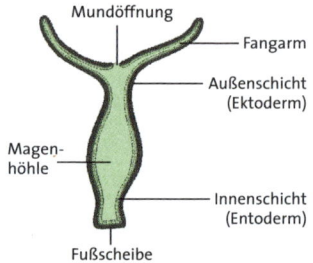

Mundöffnung

Fangarm

Außenschicht (Ektoderm)

Magenhöhle

Innenschicht (Entoderm)

Fußscheibe

Ringelwürmer

Ringelwürmer sind wirbellose Tiere, die im Boden oder im Wasser leben. Ihr wurmförmiger Körper ist in Segmente (Ringe oder Ringel) gegliedert. Darin wiederholen sich bestimmte Organe paarweise. Ringelwürmer besitzen ein primitives Nervensystem (↑ S. 36), ein Strickleiternervensystem. Es sind oft Zwitter, die sich geschlechtlich fortpflanzen.

Regenwurm · Blutegel · Sandpier (Köderwurm)

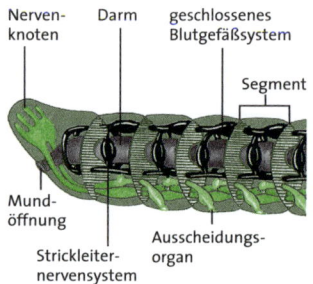

Nervenknoten

Darm

geschlossenes Blutgefäßsystem

Segment

Mundöffnung

Strickleiternervensystem

Ausscheidungsorgan

Insekten

Insekten sind wirbellose **Gliedertiere** mit drei Beinpaaren. Der Körper ist in Kopf, Brust und Hinterleib gegliedert. Insekten besitzen ein Strickleiternervensystem und **Facettenaugen** (Komplexaugen). Sie atmen mit **Tracheen** und pflanzen sich geschlechtlich fort. Ein Gestaltwechsel **(Metamorphose)** findet statt.

Es gibt über eine Million Insektenarten.

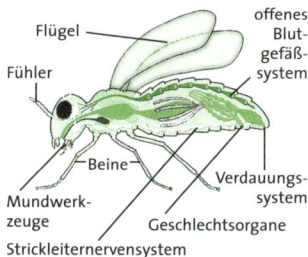

Stubenfliege

Vollständige Metamorphose: Ei → Larve → Puppe → Vollinsekt

Spinnentiere

Spinnentiere sind wirbellose Gliedertiere mit vier Beinpaaren. Der Körper ist in Kopfbrustteil und Hinterleib gegliedert. Sie besitzen ein Strickleiternervensystem und **Punktaugen.** Sie atmen mit Fächertracheen und pflanzen sich geschlechtlich fort. Webspinnen besitzen **Spinndrüsen,** aus deren Sekret sie Fäden und Netze spinnen.

Milben · **Zecken** · Weberknechte · **Skorpione** · Spinnen

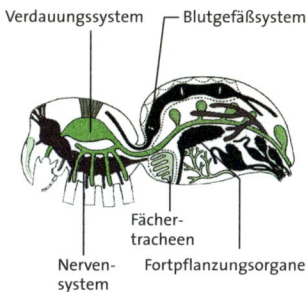

Krebse

Krebse sind wirbellose Gliedertiere mit fünf Bein-paaren. Der Körper ist in Kopf, Brust (manchmal miteinander verwachsen) und Hinterleib gegliedert. Außen befindet sich ein starrer **Chitinpanzer.** Sie besitzen ein Strickleiter-nervensystem. Krebse leben meist im Wasser und atmen dort mit Kiemen.

Krabben · Garnelen · Asseln · Flohkrebse · Flusskrebse

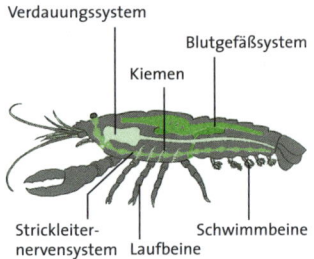

Verdauungssystem

Blutgefäßsystem

Kiemen

Strickleiter-nervensystem Laufbeine

Schwimmbeine

Bau des Flusskrebses

Weichtiere

Weichtiere sind wirbel-lose Gliedertiere. Der Körper ist meist in Kopf, Fuß, Eingeweidesack und Mantel gegliedert. **Schnecken** und **Muscheln** besitzen ein Kalkgehäuse. **Kopffüßer** haben meist acht oder zehn Fangarme. Wasserlebende Weich-tiere atmen mit Kiemen, Landschnecken mit primi-tiven Lungen. Sie pflanzen sich geschlechtlich fort. Es sind oft Zwitter.

Schnecken · Muscheln · Kopffüßer (**„Tintenfische",** **Kraken, Kalmare**)

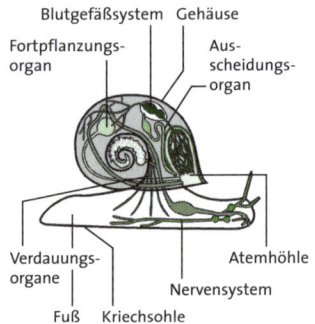

Blutgefäßsystem Gehäuse

Fortpflanzungs-organ

Aus-scheidungs-organ

Verdauungs-organe

Atemhöhle

Fuß Kriechsohle

Nervensystem

Bau einer Schnecke

Fische

Fische sind wasserlebende **Wirbeltiere** mit einem knöchernen **Innenskelett** mit einer **Wirbelsäule.**

Äußerer Bau und Skelett: Der stromlinienförmige Körper ist in Kopf, Rumpf, Schwanz gegliedert. Die Oberfläche ist mit **Schuppen** bedeckt. Flossen dienen der Fortbewegung.

Innere Organe und Fortpflanzung: Fische atmen durch **Kiemen.** Sie haben ein Zentralnervensystem (↑ S. 36). Die **Schwimmblase** dient der Druckregulierung. Meist findet eine **äußere Befruchtung** (im Wasser) statt. Aus Eiern schlüpfen Fischlarven.

Einige Fische sind Nahrung für den Menschen. **Friedfische** sind Pflanzenfresser (Primärkonsumenten), **Raubfische** fressen andere Fische.

Fische sind **wechselwarm,** d. h., die Körpertemperatur kann nicht konstant gehalten werden.

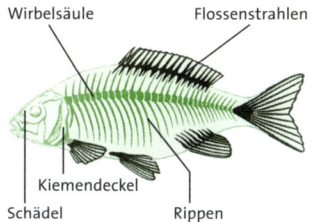

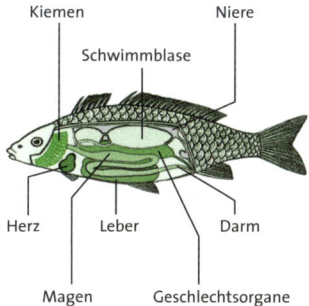

Süßwasserfische: Karpfen, Forelle, Hecht
Meeresfische: Thunfisch, Dorsch (Kabeljau), Hering
Friedfische: Karpfen, Hering
Raubfische: Hecht, Hai

Lurche

Lurche sind wechsel-
warme (↑ S. 19) Wirbel-
tiere, die im Wasser oder
in Feuchtgebieten leben.

Äußerer Bau und Skelett:
Der Körper ist in Kopf
und Rumpf gegliedert.
Schwanzlurche besitzen
einen Schwanz, Frosch-
lurche nicht.
Die Hautoberfläche ist
nackt und drüsenreich.
Froschlurche haben keine
Rippen, sondern nur
Querfortsätze und ein
lang gestrecktes Becken.
Die hinteren Gliedmaßen
sind **Sprungbeine.**

**Innere Organe und Fort-
pflanzung:** Die Larven der
Lurche atmen mit Kiemen,
erwachsene Tiere mit ein-
fachen, sackförmigen
Lungen. Es findet meist
äußere Befruchtung mit
anschließender Meta-
morphose statt, d. h., die
Larven machen einen
Gestaltwandel durch.

Lurche werden auch als
Amphibien bezeichnet.
Im Winter fallen sie in eine
Kältestarre, auch **Winter-
starre** genannt.

Froschlurche: Frösche,
Kröten, Unken
Schwanzlurche: Molche,
Salamander

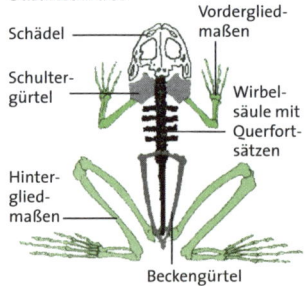

Skelett eines Froschlurches

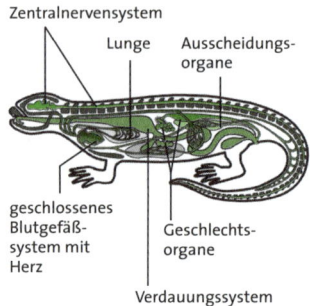

innerer Bau eines Schwanzlurches

Kriechtiere

Kriechtiere sind wechsel-warme (↑ S. 19) Wirbel-tiere, die in allen Gebieten der Erde leben.

Kriechtiere werden auch als **Reptilien** bezeichnet. Auch die **Saurier** gehörten zu den Kriechtieren.

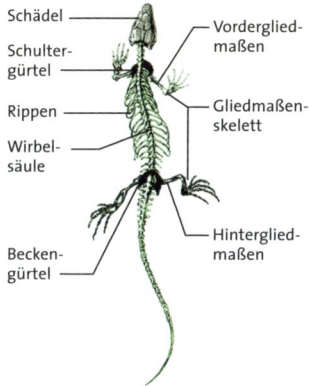

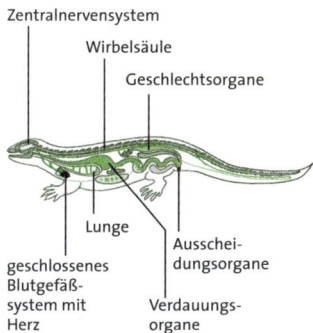

Äußerer Bau und Skelett: Der Körper ist in Kopf, Rumpf und Schwanz ge-gliedert. Schlangen und Schleichen besitzen keine Gliedmaßen. Die Haut der **Schlangen** und **Echsen** ist mit Hornschuppen, die der **Krokodile** mit Horn- und Knochenschuppen bedeckt, **Schildkröten** haben einen Panzer aus Horn und Knochen.

Schädel
Schulter-gürtel
Rippen
Wirbel-säule
Becken-gürtel
Vorderglied-maßen
Gliedmaßen-skelett
Hinterglied-maßen

Innere Organe und Fort-pflanzung: Kriechtiere atmen mit einfach gekam-merten Lungen. Es findet **innere Befruchtung** statt, d. h., die Eier werden im Körper des Weibchens be-fruchtet, danach erfolgt die Eiablage. Die Nachkom-men entwickeln sich ohne Metamorphose. Es gibt meist keine Brutpflege.

Zentralnervensystem
Wirbelsäule
Geschlechtsorgane
Lunge
geschlossenes Blutgefäß-system mit Herz
Ausschei-dungsorgane
Verdauungs-organe

Vögel

Vögel sind gleichwarme Wirbeltiere, die ein **Feder-kleid** besitzen und alle Lebensräume besiedeln.

Gleichwarme Lebewesen haben eine nahezu konstante Körpertemperatur.

Äußerer Bau und Skelett: Der Körper ist in Kopf, Rumpf und Schwanz gegliedert. Die Vorderglied-maßen sind **Flügel.** Das Skelett ist an das Fliegen angepasst durch:
■ hohle Knochen (leichtes Gewicht),
■ ein großes Brustbein (Ansatz der Flugmuskeln),
■ ein starres Rumpfskelett (verwachsene Knochen).

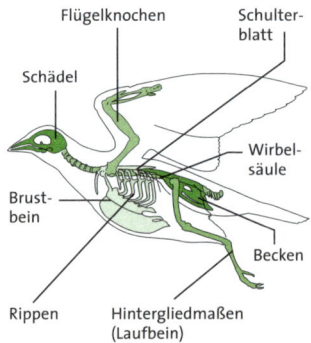

Skelett eines Vogels

Innere Organe und Fort-pflanzung: Die Lungen der Vögel haben als An-passung an das Fliegen **Luftsäcke.** Ein Muskel-magen zerkleinert die Nahrung, da Zähne fehlen. Vögel haben innere Befruchtung, sie legen hartschalige Eier und betreiben **Brutpflege.**

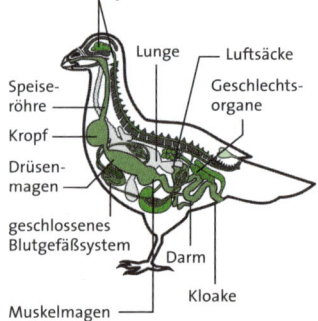

innere Organe eines Vogels

Säugetiere

Säugetiere sind gleich-warme (↑ S. 22) Wirbel-tiere, die in allen Gebieten der Erde leben. Auch der Mensch (↑ S. 24 ff.) gehört zu den Säugetieren.

Äußerer Bau und Skelett: Der Körper ist in Kopf, Rumpf und Schwanz ge-gliedert. Die Gliedmaßen sind dem Lebensraum angepasst, z. B.
■ Flügel: Fledermaus,
■ Flossen: Delfin, Wal,
■ Sprungbein: Känguru,
■ Grabbein: Maulwurf,
■ Laufbein: Katze.

Innere Organe und Fort-pflanzung: Der Blutkreis-lauf ist geschlossen und die Herzkammern sind vollständig getrennt. Säugetiere haben innere Befruchtung und bringen lebende Junge zur Welt, die gesäugt werden. Es gibt Brutpflege.

Die Haut der Säugetiere ist fast immer mit Haaren, dem **Fell,** bedeckt.

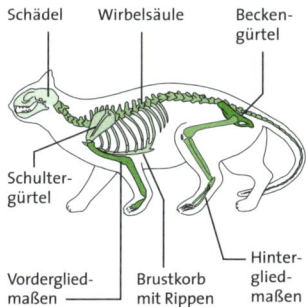

Skelett einer Katze

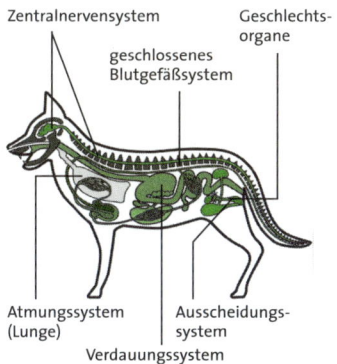

innere Organe eines Hundes

2 Der Mensch

Bewegung

Bewegungen entstehen durch das Zusammenspiel von Stütz- und Bewegungssystem.

Das Stützsystem ist das Skelett, das Bewegungssystem die Muskulatur. Bewegungen werden vom Gehirn (↑ S. 36 f.) gesteuert.

Skelett

Das Skelett ist aus **Schädel**, Rumpf- und Gliedmaßenskelett aufgebaut. Die **Wirbelsäule** besteht aus 32 bis 33 Wirbeln. Das **Handskelett** besteht aus Handwurzel-, Mittelhand- und Fingerknochen, das **Fußskelett** ist analog aufgebaut.

Eine Abbildung des menschlichen Skeletts findest du in der vorderen Umschlagklappe

■ **Knochen** bestehen aus **Knochensubstanz, Knochenmark** (innen) und Knochenhaut (außen).

Flache Knochen, z. B. Brustbein, enthalten oft rotes Knochenmark. Hier werden Blutkörperchen (↑ S. 27) gebildet.

■ **Gelenke** bestehen aus Gelenkkopf und -pfanne. Die Gelenkkapsel umhüllt Knochen und Gelenkhöhle mit Gelenkschmiere.

Kugelgelenk · Sattelgelenk · Scharniergelenk

Die Knochen sind mit Gelenkknorpel überzogen.

Muskulatur

Muskeln bestehen aus Muskelzellen.

■ Die **Skelettmuskulatur,** auch **quer gestreifte Muskulatur,** ist willentlich beeinflussbar. Sie arbeitet schnell und ermüdet leicht.

■ Die **Eingeweidemuskulatur,** auch **glatte Muskulatur,** ist weitgehend unabhängig vom Willen. Sie arbeitet langsam, jedoch ausdauernd.

Bewegung erfolgt durch energieaufwendiges Zusammenziehen **(Kontraktion)** und Erschlaffen der Muskeln.

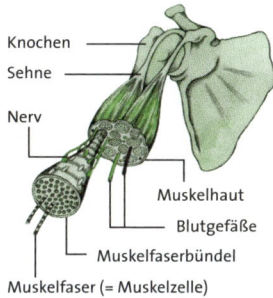

Knochen
Sehne
Nerv
Muskelhaut
Blutgefäße
Muskelfaserbündel
Muskelfaser (= Muskelzelle)

Der Herzmuskel ist eine Sonderform der quer gestreiften Muskulatur.

Bei der Bewegung von Skelettteilen arbeiten in der Regel **Beuger** und **Strecker** zusammen. Sie sind Gegenspieler (Antagonisten).

Gesunderhaltung

Knochenbrüche oder **Verstauchungen** und Verrenkungen der Gelenke entstehen durch Überlastung, Stürze oder Gewalteinwirkung, **Muskelfaserrisse** z. B. durch zu starke Beanspruchung.

Bewegung und Sport fördern die Gesunderhaltung. Dabei sollten Stärke und Dauer der Belastung allmählich gesteigert werden. Vor dem Sport muss die Muskulatur erwärmt („Aufwärmen") werden.

Atmung

Bei der Atmung durch die **Lunge** wird Sauerstoff aufgenommen und Kohlenstoffdioxid abgegeben.

Die Zellatmung (↑ S. 62) ist ein stoffabbauender Prozess, bei dem Energie für die Zelle gewonnen wird.

Atmungsorgane
- **Nasenhöhle** mit Flimmerhaaren
- **Rachen**
- **Kehlkopf** mit Kehldeckel

- **Luftröhre** mit Flimmerhaaren
- **Bronchien** mit Flimmerhaaren
- **Lungenbläschen**

Reinigen, Anfeuchten, Anwärmen, Riechen (↑ S. 40)
Weiterleiten
Verschließen der Luftröhre beim Schlucken, Stimme
Reinigen, Anfeuchten

Reinigen, Anfeuchten, Anwärmen, Weiterleiten
Gasaustausch

Atembewegungen
- **Einatmen:** Heben des Brustkorbes, Senken des Zwerchfells
- **Ausatmen:** Senken des Brustkorbes, Heben des Zwerchfells

Gasaustausch:
(Diffusion, ↑ S. 58).
- O_2 wandert vom Lungenbläschen ins Blut,
- CO_2 wandert vom Blut ins Lungenbläschen.

Vergrößern des Brustraums (Unterdruck), Luft wird aktiv in die Lunge gesogen.

Verkleinern des Brustraums (Überdruck), Luft strömt passiv aus.

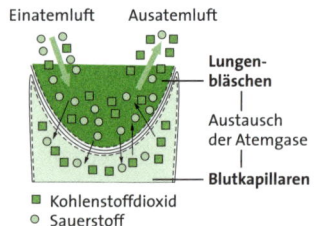

Einatemluft   Ausatemluft

Lungenbläschen

Austausch der Atemgase

Blutkapillaren

- Kohlenstoffdioxid
- Sauerstoff

Blutkreislauf

Blut besteht zu 55 % aus Flüssigkeit, dem **Blutplasma**, und zu 45 % aus festen Bestandteilen. Funktionen des Blutes:

- Nährstofftransport
- Wärmetransport
- Blutgerinnung
- O_2-Transport
- CO_2-Transport
- Abwehr (Antikörper)

Blutgruppeneigenschaften sind Antigene an roten Blutkörperchen.

```
          feste Bestandteile
         /        |        \
rote Blut-   weiße Blut-   Blut-
körperchen   körperchen    plättchen
```

Blutplasma
Blutplasma
Blutplättchen
rote Blutkörperchen
Blutplasma
weiße Blutkörperchen
AB0-System:
Faktoren A; B; AB; 0
Rhesus-System: Faktor D

Das **Blutgefäßsystem** besteht aus Arterien, Venen und Kapillaren und bildet mit dem Herz einen geschlossenen **Blutkreislauf.**

Arterien: führen vom Herzen weg, Druckwelle (**Puls**)
Venen: führen zum Herzen
Kapillaren: Haargefäße, Stoffaustausch im Gewebe

Das **Herz** ist ein Hohlmuskel. Es besteht aus je zwei durch Klappen getrennten Vorhöfen und Kammern.

Das Herz saugt das Blut aus den Venen in die Vorhöfe und pumpt es von den Kammern in die Arterien.

Das **Lymphsystem** besteht aus Lymphgefäßen und Lymphknoten. Es bildet einen offenen Kreislauf.

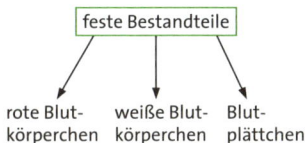

Lymphe ist eine Flüssigkeit mit weißen Blutkörperchen. *Aufgaben:* Transport von Bausteinen der Fette (↑ S. 56) und Krankheitsabwehr (↑ S. 28)

> Als **Krankheitserreger** werden alle Organismen bezeichnet, die Lebewesen befallen und bei diesen **Erkrankungen** hervorrufen.

Arten von Krankheitserregern

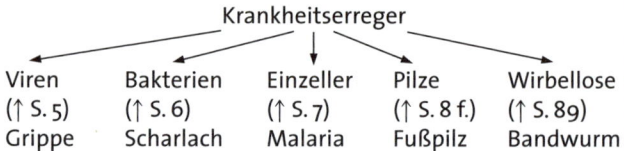

Krankheitserreger

Viren	Bakterien	Einzeller	Pilze	Wirbellose
(↑ S. 5)	(↑ S. 6)	(↑ S. 7)	(↑ S. 8 f.)	(↑ S. 89)
Grippe	Scharlach	Malaria	Fußpilz	Bandwurm

Infektionskrankheiten sind ansteckende Krankheiten. Als **Infektion** bezeichnet man das Eindringen der Erreger in den Körper. Die **Inkubationszeit** ist die Zeit bis zum Auftreten von Krankheitszeichen (Symptomen). Krankheitserreger werden oft mit einer Abwehr- oder Immunreaktion **(Antigen-Antikörper-Reaktion)** bekämpft, **Immunität** entsteht.

Abwehr von Krankheitserregern

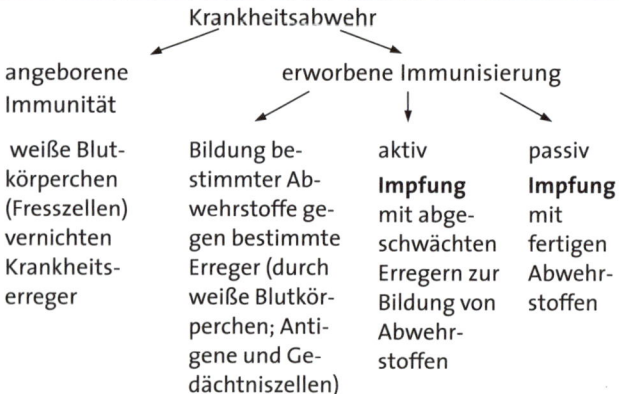

Krankheitsabwehr

angeborene Immunität — erworbene Immunisierung

angeborene Immunität	Bildung bestimmter Abwehrstoffe gegen bestimmte Erreger (durch weiße Blutkörperchen; Antigene und Gedächtniszellen)	aktiv	passiv
weiße Blutkörperchen (Fresszellen) vernichten Krankheitserreger		**Impfung** mit abgeschwächten Erregern zur Bildung von Abwehrstoffen	**Impfung** mit fertigen Abwehrstoffen

Krankheiten des Menschen

Erkran-kung	Erreger	Übertragung	einige Symptome
Aids	Viren	Körperflüssig-keiten	Immunschwäche und Folgekrankheiten
Grippe	Viren	Luft, Körper-kontakt	Fieber, Schnupfen
Wund-starr-krampf	Bakterien	Hautver-letzungen	Muskelkrämpfe, Atemlähmung
Tuber-kulose	Bakterien	Luft, Nahrung	Lungenschädigung, Husten
Malaria	Einzeller	Anopheles-mücke	Fieberschübe mit Folgeschäden
Fußpilz	niederer Pilz	Kontakt	Hautschädigungen an Füßen, Juckreiz
Trichi-nose	Faden-wurm	Nahrung (Fleisch)	Allergien, Muskel-entzündungen
Band-wurm-befall	Band-würmer	Nahrung mit Band-wurmeiern	Durchfall, Gewichts-verlust, Folgekrank-heiten

Schutz vor Krankheitserregern

Vorbeugende Maßnahmen	Maßnahmen bei Erkrankung
gesund leben: Abhärtung, gesunde Ernährung, Sport	Arztbesuch, eventuell passive Immunisierung
Hygiene: saubere Nahrung, Körperhygiene	Behandlung der Symptome durch Arzneimittel
Schutzimpfungen	Ruhe, Schlaf, Vitamin C

Antibiotika sind Wirkstoffe gegen Bakterien, u. a. Mikro-organismen. Sie werden von Pilzen (z. B. **Penicillin,** ↑ S. 8 f.) oder Bakterien produziert. Gegen Viren helfen sie nicht.

Ernährung und Verdauung

Bestandteile der Nahrung

Hauptnährstoffe braucht der Mensch in größeren Mengen. Auch **Ergänzungsnährstoffe** sind wichtig, sie genügen aber in geringer Menge (oft wenige mg). Zusätzlich wird Wasser benötigt.

■ **Kohlenhydrate** (↑ S. 57) liefern Energie.

■ **Fette** (↑ S. 56 f.) liefern Energie. Sie sind Zellbestandteil.

■ **Eiweiße** (↑ S. 56) sind lebensnotwendige Bausteine aller Zellen.

Hauptnährstoffe: Fette, Eiweiße, Kohlenhydrate
Ergänzungsnährstoffe: Vitamine, Mineralstoffe (Spurenelemente), Ballaststoffe

Brot · Nudeln · Süßwaren · Kartoffeln

Butter · Speck · Öl · Margarine · fette Wurst · fetter Käse

Fleisch · Fisch · Eier · Milchprodukte (Joghurt, Quark) · Soja

Verdauungssystem

Die Nahrung wird zerkleinert, in ihre Bestandteile zerlegt und ins Blut aufgenommen. Das „Verdauungsrohr" besteht aus Mundhöhle, Speiseröhre, Magen, Dünndarm, Dickdarm. **Verdauungsdrüsen** sind Speicheldrüsen und Leber mit Gallenblase.

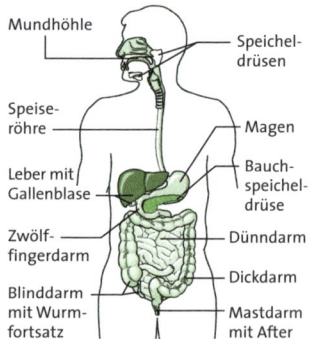

Mundhöhle — Speicheldrüsen — Speiseröhre — Magen — Leber mit Gallenblase — Bauchspeicheldrüse — Zwölffingerdarm — Dünndarm — Blinddarm mit Wurmfortsatz — Dickdarm — Mastdarm mit After

Verdauungsorgane

■ **Mundhöhle:** Die **Zähne** zerkleinern die Nahrung. Durch den Mundspeichel beginnt die Verdauung der Kohlenhydrate.

■ **Magen:** Mischen, Aufbewahren und Beginn der Eiweißverdauung durch Pepsin

■ **Dünndarm:** Vollständige Zerlegung der Nährstoffe durch Enzyme der Bauchspeicheldrüse sowie den Gallensaft der Leber, Aufnahme der Bausteine ins Blut

■ **Dickdarm** mit After: Wasserentzug (Eindicken), Bildung und Ausscheidung von Kot

Verdauung: Zerlegung körperfremder organischer Stoffe in ihre Bausteine und deren Aufnahme in Blut und Lymphe
Dauergebiss: 32 Zähne
Milchgebiss: 20 Zähne

Die Speiseröhre transportiert die Nahrung durch wellenförmige Bewegungen (Peristaltik) zum Magen.

Enzyme des Bauchspeichels spalten Nährstoffe. Gallensaft macht Fette wasserlöslich, er emulgiert sie.

Bakterien zersetzen einen Teil der Ballaststoffe.

Spaltung der Nährstoffe

Nährstoff	Enzym	Grundbausteine
Fette	Lipasen	Glycerol (Glycerin) und 3 Fettsäuren
Eiweiße	Pepsin, Trypsin	Aminosäuren
Kohlenhydrate	**Amylase,** Maltase	Einfachzucker

Ausscheidung

Harnsystem

Das Harnsystem besteht aus je zwei **Nieren** und Harnleitern, der Harnblase und der Harnröhre.

Funktionen:
Harnleiter: weiterleiten
Harnblase: speichern
Harnröhre: abgeben

Harn wird in der Niere, durch Diffusion (↑ S. 58) und Osmose (↑ S. 58) gebildet:

■ Abscheidung von Wasser und gelösten Stoffen im Nierenkörperchen,
■ Rückgewinnung von Traubenzucker und Salzen im Nierenkanälchen,
■ Abgabe des Harns ins Nierenbecken.

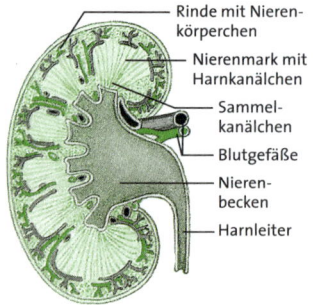

Rinde mit Nierenkörperchen
Nierenmark mit Harnkanälchen
Sammelkanälchen
Blutgefäße
Nierenbecken
Harnleiter

Harn besteht hauptsächlich aus Wasser, Harnstoff und Salzen.

Haut

Haut hat Ausscheidungs- und Sinnesfunktion (↑ S. 40). Ausgeschieden werden **Schweiß** (Schweißdrüsen) und **Talg** (Talgdrüsen). Die Haut schützt z. B. vor Stoß und Druck, Austrocknung, UV-Strahlen, Kälte, Krankheitserregern.

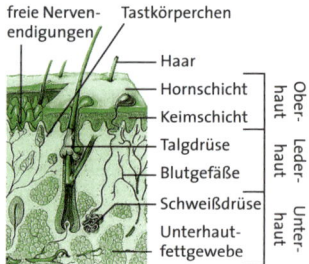

freie Nervenendigungen   Tastkörperchen
Haar
Hornschicht
Keimschicht
Talgdrüse
Blutgefäße
Schweißdrüse
Unterhautfettgewebe
Oberhaut
Lederhaut
Unterhaut

Hormonsystem

Hormone sind chemische Botenstoffe, die in Hormondrüsen gebildet werden. Das sind **endokrine** Drüsen, deren **Sekret** direkt ins Blut oder Gewebe abgegeben wird.

Hormone wirken in kleinsten Mengen. Die Bauchspeicheldrüse ist gleichzeitig Hormon- und Verdauungsdrüse (↑ S. 31). Die **Keimdrüsen** sind beim Mann die Hoden (↑ S. 34) und bei der Frau die Eierstöcke (↑ S. 34).

Hormondrüsen, Hormone und ihre Funktionen

Drüse	wichtige Hormone	Wirkungen
Hirnanhangsdrüse	Freisetzungs-, Wachstumshormone	Beeinflussung anderer Hormondrüsen, Körperwachstum
Schilddrüse	Thyroxin, Calcitonin,	Stoffwechselregulation
Thymusdrüse (Immunorgan)	Peptidhormone	Bildung weißer Blutkörperchen
Bauchspeicheldrüse	Insulin, Glucagon	Regulation des Blutzuckerspiegels
Nebennieren NN-Mark	Adrenalin, Noradrenalin	Blutdruck, Puls, Atmung
NN-Rinde	Rindenhormone, Sexualhormone (Androgene)	Wasser- und Salzhaushalt, Geschlechtsmerkmale
Hoden	Testosteron	Geschlechtsmerkmale, Bildung von Samenzellen
Eierstöcke	Östrogene, Gestagene	Geschlechtsmerkmale, Menstruation, Schwangerschaft

Fortpflanzung

Geschlechtsorgane

Mann
■ **Glied:** Abgabe von Harn und Sperma (Samenzellen)
■ **Hodensack:** Schutz
■ **Hoden:** Bildung von Hormonen (↑ S. 33) und Samenzellen
■ **Nebenhoden:** Speichern, Transportieren von Samenzellen
■ **Samenleiter:** Transport von Samenzellen
■ **Vorsteherdrüse und Bläschendrüse:** Sekretabgabe

Glied und Hodensack sind äußere Geschlechtsorgane.

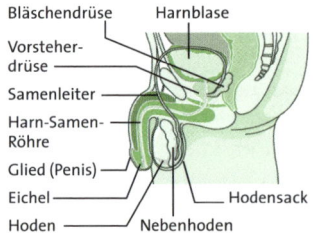

Bläschendrüse — Harnblase
Vorsteherdrüse
Samenleiter
Harn-Samen-Röhre
Glied (Penis)
Eichel — Hodensack
Hoden — Nebenhoden

Ernährung und Beweglichkeit der Samenzellen

Frau
■ **Eierstöcke:** Bildung von reifen Eizellen, Hormonen
■ **Eileiter:** Transportieren von Eizellen
■ **Gebärmutter:** Entwicklung des Embryos, Geburt
■ **Scheide:** Aufnahme des Glieds, Geburtskanal

Einmal im Monat reift in einem der beiden Eierstöcke eine Eizelle heran.

Schamlippen und Kitzler sind äußere Geschlechtsorgane.

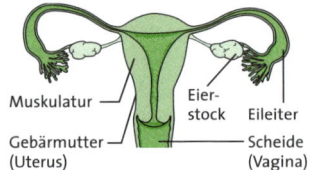

Muskulatur — Eierstock — Eileiter
Gebärmutter (Uterus) — Scheide (Vagina)

Die Pille als Empfängnisverhütungsmittel unterdrückt den Eisprung hormonell.

Weiblicher Zyklus

- 1. bis 4. Tag: **Menstruation** (Monatsblutung)
- etwa 14. Tag: Eisprung, mögliche Befruchtung
- 14. bis 26. Tag: Aufbau der Gebärmutterschleimhaut
- ab 14. Tag: Bildung von Gelbkörperhormon
- etwa 16. Tag: Gelbkörperrückbildung

Abstoßen der Gebärmutterschleimhaut

reife Eizelle gelangt in den Eileiter

Vorbereitung auf die Einnistung einer befruchteten Eizelle

Steuerung des Zyklus

Vorbereitung der nächsten Menstruation

Befruchtung

Sie findet im Eileiter statt. Reife Eizelle und Samenzelle vereinigen sich.

In den Kernen von Ei- und Samenzelle befinden sich mütterliches und väterliches Erbgut.

Entwicklung des Embryos

Zeit	Vorgänge
1. bis 7. Tag	Teilung der befruchteten Eizelle, Transport zur Gebärmutter
1. Monat	Entstehung des Mutterkuchens und der Nabelschnur, Anlage von Herz und Nervensystem
2. Monat	Anlage aller inneren Organe, Herz schlägt
3. Monat	Entwicklung der Organe
4. bis 7. Monat	Wachstumszeit, innere Organe bilden sich vollständig heraus, Fetus bewegt sich
bis 9. Monat	Reifungszeit
Geburt	Beginnt mit Wehen, dann Eröffnungsphase, Austreibungsphase, Nachgeburtsphase

3 Nervensystem und Sinne

Nervensystem

Nervensysteme bestehen aus verknüpften **Nervenzellen.** Diese haben:
- einen Zellkörper,
- zahlreiche **Dendriten,**

- einen **Neurit** (Nervenfaser) mit Markscheide und Schnürringen. An dessen Endverzweigungen befinden sich die **Synapsen.** Es gibt diffuse Nervennetze, Strickleiternervensysteme, Zentralnervensysteme (Gehirn- und Rückenmark).

Pflanzen besitzen keine Nervensysteme.

kernhaltiger Abschnitt
kurze Fortsätze, Aufnahme von Erregungen (Reizen)
langer Fortsatz, Leitung von Strom **(Aktionspotenzial)**
Synapsen: Verbindung zu anderen Nervenzellen oder Organen

Hohltiere (↑ S. 16)
Spinnentiere (↑ S. 17)
Wirbeltiere (↑ S. 19 ff.)

Rückenmark

Es liegt im Wirbelkanal der Wirbelsäule (↑ S. 24). Der Querschnitt ist schmetterlingsförmig. Nerven verbinden Gehirn und Körper, **Reflexe** (↑ S. 42 f.) werden umgeschaltet.

Rückenmark des Menschen:

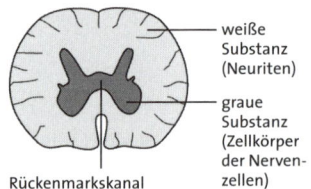

weiße Substanz (Neuriten)

graue Substanz (Zellkörper der Nervenzellen)

Rückenmarkskanal

Gehirn des Menschen

Außen ist graue Substanz (Zellkörper von Nervenzellen), innen weiße Substanz (Neuriten).
■ **Großhirn** mit Rindenfeldern: Sprache, Gefühle, Bewusstsein, Gedächtnis
■ **Zwischenhirn:** regelt den Stoffwechsel
■ **Mittelhirn:** Schaltstelle
■ **Kleinhirn:** Bewegungen
■ **Nachhirn:** Reflexzentren, Schaltstelle

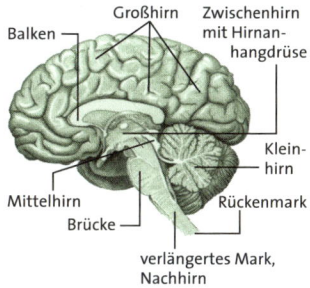

Großhirn
Zwischenhirn mit Hirnanhangdrüse
Balken
Kleinhirn
Mittelhirn
Rückenmark
Brücke
verlängertes Mark, Nachhirn

Bei den Gehirnen der Wirbeltiere zeigt sich zunehmende Höherentwicklung (↑ S. 74).

Sinne

Sinneszellen und **Sinnesorgane** nehmen Reize auf.

Die Reize lösen Erregungen (elektrische Impulse) aus. Diese werden ins Zentralnervensystem weitergeleitet, dort verarbeitet und beantwortet.

Reizart	Energieform	Sinneswahrnehmung
Licht	Lichtenergie	Sehen
Schall	mechanische Energie	Hören
Gase	chemische Energie	Riechen
gelöste Stoffe	chemische Energie	Schmecken
Schwerkraft	mechanische Energie	Gleichgewicht, Lage
Wärme/Kälte	thermische Energie	Temperaturdifferenz
Berührung	mechanische Energie	Tasten, Druck

Sehen

Sehen ist die Wahrnehmung von Lichtreizen (optischen Reizen, ↑ S. 37). Es werden Form, Farbe oder Bewegung erfasst. Höhere Tiere haben Augen, die **Lichtsinneszellen** enthalten und Licht absorbieren.

menschliches Auge, Teile und Funktion:

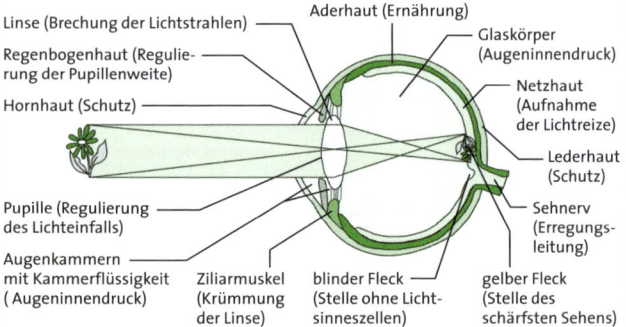

Linse (Brechung der Lichtstrahlen)
Aderhaut (Ernährung)
Glaskörper (Augeninnendruck)
Regenbogenhaut (Regulierung der Pupillenweite)
Hornhaut (Schutz)
Netzhaut (Aufnahme der Lichtreize)
Lederhaut (Schutz)
Pupille (Regulierung des Lichteinfalls)
Sehnerv (Erregungsleitung)
Augenkammern mit Kammerflüssigkeit (Augeninnendruck)
Ziliarmuskel (Krümmung der Linse)
blinder Fleck (Stelle ohne Lichtsinneszellen)
gelber Fleck (Stelle des schärfsten Sehens)

Der Sehvorgang

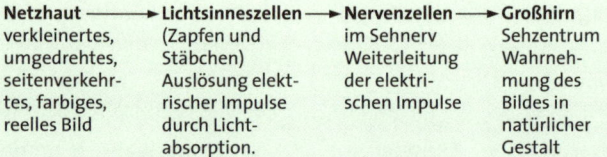

Netzhaut ⟶	**Lichtsinneszellen** ⟶	**Nervenzellen** ⟶	**Großhirn**
verkleinertes, umgedrehtes, seitenverkehrtes, farbiges, reelles Bild	(Zapfen und Stäbchen) Auslösung elektrischer Impulse durch Lichtabsorption.	im Sehnerv Weiterleitung der elektrischen Impulse	Sehzentrum Wahrnehmung des Bildes in natürlicher Gestalt

Akkomodation ist die Anpassung an unterschiedliche Entfernungen.	Nähe: Linse stark gekrümmt, angespannt Ferne: Linse flach, entspannt
Adaptation ist die Anpassung an unterschiedliche Lichtintensität.	hell: Pupille verengt dunkel: Pupille erweitert

Hören und Gleichgewicht

Hören ist die Wahrnehmung von Schallwellen (mechanische Reize, Luftbewegung). Es können Lautstärke, Tonhöhe oder Richtung erfasst werden. Höhere Tiere haben Ohren, die **Hörsinneszellen** enthalten.

menschliches Ohr, Teile und Funktion:

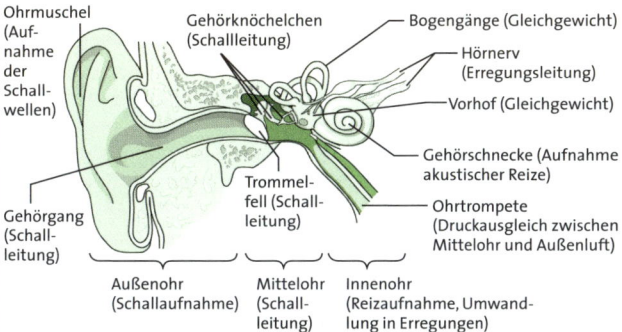

Ohrmuschel (Aufnahme der Schallwellen)

Gehörknöchelchen (Schallleitung)

Bogengänge (Gleichgewicht)

Hörnerv (Erregungsleitung)

Vorhof (Gleichgewicht)

Gehörschnecke (Aufnahme akustischer Reize)

Ohrtrompete (Druckausgleich zwischen Mittelohr und Außenluft)

Trommelfell (Schallleitung)

Gehörgang (Schallleitung)

Außenohr (Schallaufnahme) | Mittelohr (Schallleitung) | Innenohr (Reizaufnahme, Umwandlung in Erregungen)

Der Hörvorgang

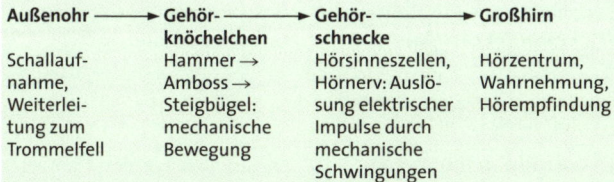

Außenohr	→	Gehörknöchelchen	→	Gehörschnecke	→	Großhirn
Schallaufnahme, Weiterleitung zum Trommelfell		Hammer → Amboss → Steigbügel: mechanische Bewegung		Hörsinneszellen, Hörnerv: Auslösung elektrischer Impulse durch mechanische Schwingungen		Hörzentrum, Wahrnehmung, Hörempfindung

Der **Gleichgewichtssinn** befindet sich im Innenohr. Die drei Bogengänge sind **Drehsinnesorgane.** Die beiden Vorhofsäckchen nehmen die Lage im Raum wahr, es sind **Lagesinnesorgane.**

Sinnesleistungen

Riechen und schmecken

Geruchssinn und Ge-
schmackssinn nehmen
chemische Reize wahr.

Sie lassen sich nicht immer
eindeutig voneinander
trennen (z. B. Wassertiere).

Der **Geruchssinn** nimmt
Gase wahr. Wirbeltiere
haben oft Nasenorgane.
Die **Nase** besitzt Schleimhaut mit Flimmerhaaren
und **Riechschleimhaut.**

auch: Riechsinn

Fische (Riechgruben)
Geruchsqualitäten:
würzig, blumig, fruchtig,
harzig, faulig, brenzlig

Der **Geschmackssinn**
nimmt gelöste Stoffe
wahr. Die **Zunge** besteht
aus Muskulatur und
Schleimhaut mit Ge-
schmackssinneszellen
(**Geschmacksknospen**).

Es ist ein Nahsinn. Fast alle
Wirbeltiere schmecken mit
der Mundregion, viele mit
einer Zunge.

Geschmacksqualitäten:
süß, sauer, bitter, salzig

Tasten und fühlen

Es werden mechanische
und thermische Reize
wahrgenommen. Die
menschliche Haut (↑ S. 32)
besitzt dafür Wärme-, Käl-
te- und Tastkörperchen,
freie Nervenendigungen
und Lamellenkörperchen.

Diese Reize werden bei vielen
Tieren über die Körperober-
fläche oder mit Tasthaaren
aufgenommen.

Wahrnehmungen:
Temperaturunterschiede,
Schmerz, Schwingungen,
Druck, Berührung

Steuerung und Regelung

Biologische Vorgänge und Stoffwechselgrößen werden im Körper geregelt. Bei der **Regelung** liegt ein Kreisprozess mit einer Rückmeldung vor.

Daran sind Sinnesorgane, Hormone und Nervensysteme beteiligt.

Die **Steuerung** erfolgt meist ohne Rückkopplung.

Regelkreis der Körpertemperatur des Menschen	
Regelgröße	soll konstant gehalten werden
Messfühler	überträgt Messwert an Regler
Regler	vergleicht Messwert (Istwert) mit gespeichertem Sollwert
Stellglied	verändert Regelgröße
Störgröße	beeinflusst Regelgröße
Negative **Rückkopplung** veranlasst das Gegenteil der Störwirkung.	Herabsetzen der Körpertemperatur nach Muskelarbeit (erwärmen)

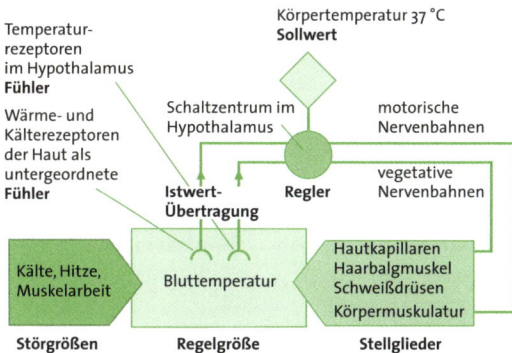

Temperaturrezeptoren im Hypothalamus
Fühler

Körpertemperatur 37 °C
Sollwert

Wärme- und Kälterezeptoren der Haut als untergeordnete **Fühler**

Schaltzentrum im Hypothalamus

motorische Nervenbahnen

vegetative Nervenbahnen

Istwert-Übertragung

Regler

Kälte, Hitze, Muskelarbeit

Bluttemperatur

Hautkapillaren
Haarbalgmuskel
Schweißdrüsen
Körpermuskulatur

Störgrößen

Regelgröße

Stellglieder

4 Verhalten

Angeborenes Verhalten

Angeborenes Verhalten wird vererbt und sichert notwendige Reaktionen ohne Lernvorgänge.

Als Verhalten bezeichnet man alle wahrnehmbaren oder erschließbaren Veränderungen, z. B. Bewegungen, Laute, Farbänderungen, Motivationen.

Unbedingte Reflexe

Unwillkürliche, schnelle, automatische Reizantworten laufen über einen **Reflexbogen** ab:
- **Rezeptor:** Sinneszelle, -organ; Reizaufnahme
- **Reflexzentrum:** Verarbeitung, Umschaltung
- **Effektor:** Muskel, Drüse; Reizantwort, Reaktion

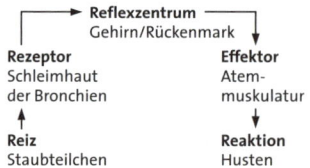

```
            ┌──► Reflexzentrum ──────┐
            │      Gehirn/Rückenmark  │
Rezeptor    │                         ▼  Effektor
Schleimhaut │                            Atem-
der Bronchien                            muskulatur
     ▲                                      │
     │                                      ▼
Reiz                                     Reaktion
Staubteilchen                            Husten
```

Schutzreflexe: Kniesehnenreflex, Lidschlussreflex
Ernährungsreflexe: Schluckreflex, Speichelreflex

Instinkthandlungen

Dies ist z. T. angeborenes, Lernprozessen zugängliches Verhalten. Ablauf: Handlungsbereitschaft (1), Suchverhalten (2), Schlüsselreize (3), Handlung (4).

Manchmal wird der Ablauf einer Instinkthandlung als **Reiz-Reaktions-Kette** dargestellt:

(1) hungrige Zecke ⟶ (2) klettert auf Gräser ⟶ (3) nimmt Körperwärme/ Schweiß wahr ⟶ (4) lässt sich fallen, sucht haarlose Stelle, saugt Blut

Erworbenes Verhalten

Lernverhalten

Lernen setzt ein Gedächtnis mit Nervenzellen (↑ S. 37) voraus. Erworbene Erfahrungen werden gespeichert, Verhalten verändert sich.

Erworbenes Verhalten wird in der Individualentwicklung erlernt und nicht weitervererbt. Durch **Nachahmungslernen** können Erfahrungen von Tier zu Tier weitergegeben werden.

Lernvorgänge

Bedingte Reflexe entstehen durch Verknüpfung neutraler und reflexauslösender Reize (Signalreize).	Verhaltensweise, die selten im natürlichen Umfeld auftritt, z. B. erworbener (antrainierter) Speichelreflex des Hundes beim Aufleuchten einer Lampe
Prägung ist der Erwerb von Kenntnissen über Objekte oder Handlungen.	entsteht nur in sensibler Entwicklungsphase, erfolgt rasch, ist irreversibel, z. B. Nachfolgeprägung bei Nestflüchtern
Bei der **Konditionierung** verstärkt sich positiv erlebtes Verhalten, negatives Verhalten wird gehemmt.	auch Lernen am Erfolg/Misserfolg genannt, z. B. Dressur mit Belohnung
Lernen durch Einsicht ist die Problemlösung durch Überlegen mit Planungs- und Handlungsphase.	auch zielorientiertes Verhalten genannt, Handeln nach Plan, z. B. Werkzeuggebrauch
Zum **averbalen Denken** gehören Abstraktion und Generalisation, averbales Zählen, Selbstkenntnis.	abstraktes Denken ohne Wortsprache, z. B. „Ich-Bewusstsein" bei Menschenaffen

Sexualverhalten

Es umfasst Verhaltensweisen, die zur Erzeugung von Nachkommen dienen. **Paarfindung:** Partnersuche, Kontaktaufnahme, Vorbereitung der Befruchtung (Synchronisation)

auch: Fortpflanzungsverhalten nur bei Arten mit geschlechtlicher Fortpflanzung

auch: **Balzverhalten** oft mit ritualisierten Elementen wie Imponieren (↑ S. 46)

Paarungssysteme sind:
- Promiskuität: viele Weibchen, viele Männchen
- Polygamie; Formen: Polyandrie: ein Weibchen, mehrere Männchen; Polygynie: ein Männchen, mehrere Weibchen
- Monogamie: ein Weibchen, ein Männchen

jedes *kann* sich mit jedem paaren
alle Tierstämme

meist längere Paarbindung
selten
Termiten

wenn dauerhaft: **Harem**
Löwen · Antilopen · Paviane
oft dauerhaft: **„Tierehe"**
Gibbons · Dohlen · Gänse

Verhalten zu Nachkommen

- **Brutfürsorge:** Wahl des Ortes, Nahrungsvorräte anlegen, kein Kontakt der Eltern zu Nachkommen
- **Brutpflege:** Schutz und Versorgung der Nachkommen, Lernvorgänge (↑ S. 43) zwischen Eltern und Nachkommen

Sicherstellung des Überlebens der Nachkommen
Mistkäfer · Schlupfwespe · Kuckuck

meist bis zu deren Selbstständigkeit
Nestflüchter: Bodenbrüter · Huftiere · Hasen
Nesthocker: Amseln · Kaninchen · Primaten

Soziale Verbände

Tiere, die mit Artgenossen zusammenleben, bilden **soziale Verbände.**
■ **anonymer Verband:** Mitglieder erkennen sich nicht an individuellen Merkmalen, sondern an Art-/Gruppenmerkmalen.
■ **individualisierter Verband:** Mitglieder erkennen sich an individuellen Merkmalen.

Schutz vor Feinden · Schutz und gemeinsame Aufzucht der Nachkommen

offener Verband: Heringsschwarm, Vogelschwarm
geschlossener Verband: Rattensippe, Staaten bildende Insekten

enger Zusammenhalt, Verbandsfremde werden nicht aufgenommen
Löwenrudel · Affenhorde · Hühnerschar

4

Rangordnungen

Rangordnungen legen die soziale Hierarchie in einem individualisierten Verband fest. Sie werden oft durch Auseinandersetzungen ermittelt.
■ ranghöchstes, dominantes Tier: **Alphatier**
■ zweitranghöchstes Tier: **Betatier**
■ rangniederstes Tier: **Omegatier**
In manchen Rangordnungen kann ein Rangwechsel stattfinden.

Stabilisierung der Gruppe · Vermeidung unnötiger Auseinandersetzungen (Aggressionsverhalten ↑ S. 46) · Vermeidung von Risikoverhalten

starre, lineare Rangordnung: Hackordnung bei Hühnern

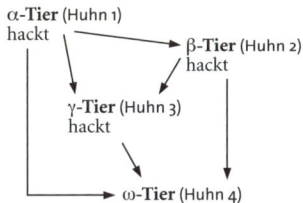

α-**Tier** (Huhn 1) hackt → β-**Tier** (Huhn 2) hackt → γ-**Tier** (Huhn 3) hackt → ω-**Tier** (Huhn 4)

Aggressionsverhalten

Aggressives Verhalten dient zum Drohen, zum Angriff oder zur Verteidigung.

■ **Drohverhalten:** enthält oft ritualisierte Elemente, dient der Vermeidung von unnötigen Kämpfen
■ **Turnierkampf:** verläuft meist stark ritualisiert, gefährliche Waffen werden nicht eingesetzt
■ **Beschädigungskampf:** ohne feste Regeln, bis zur endgültigen Entscheidung, oft werden beide Gegner verletzt
■ **aggressionshemmendes Verhalten:** Unterwerfung, Beschwichtigung

Konkurrenz um: Nahrung · Raum · den Sexualpartner · den Platz in der Rangordnung

Imponieren (ohne Kampftendenz): Vergrößern · Drohen; (mit Kampftendenz): Drohlaute

auch: **Kommentkampf** mit **Tötungshemmung:** Hahnenkampf · Kampffische

ohne Tötungshemmung: Töten von Wespen durch Wächterbienen · Töten rudelfremder Löwen

Verkleinern · Abwenden · Demutshaltung

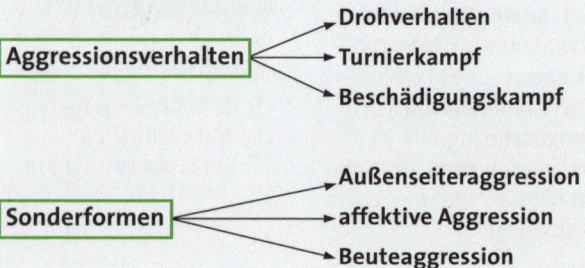

Aggressionsverhalten → Drohverhalten → Turnierkampf → Beschädigungskampf

Sonderformen → Außenseiteraggression → affektive Aggression → Beuteaggression

Territorialverhalten

Territorialverhalten beinhaltet das Aufsuchen, die Nutzung und oft auch Verteidigung von Arealen (Revieren).

auch: **Revierverhalten**
abhängig von: Qualität und Verteilung der Ressourcen, Konkurrenz (↑ S. 88), Verfügbarkeit der Ressourcen

Reviere
■ **Dauerreviere:** werden ständig und zeitlebens genutzt
■ **Nahrungsrevier:** Nahrungserwerb
■ **Fortpflanzungsrevier:** zur Fortpflanzung (↑ S. 44) Nach Revierinhaber werden Einzel- (1), Paar- (2) und Gruppenrevier (3) unterschieden.

auch: Gesamtrevier
für alle Lebensprozesse
Hamster · Dachs

Beuterevier: Marder
Winterrevier: Storch
Balzrevier · Paarungsrevier · Brutrevier
(1) Feldhamster: lebt solitär
(2) Graugänse: Tierehe
(↑ S. 44)
(3) Löwen: Rudel (↑ S. 45)

Territoriumsgrenzen
Die **Reviergröße** ist oft nicht starr, sondern variiert. **Reviergrenzen** sind
■ markante Punkte des Biotops (↑ S. 90) oder
■ aktive **Reviermarken:** akustische Signale (1), chemische Markierungen (2) oder optische Signale (3).

Nahrungsangebot · Reviernachbarn · Jahreszeit · Fortpflanzungssituation
Bäume · Seeufer · Fluss- und Bachläufe · Felsformationen · Wasserpflanzen

(1) Gesang (Singvögel) · Gebrüll (Brüllaffen)
(2) Kot (Nashorn) · Urin (Hundeartige)
(3) Scheuermarken (Braunbären)

4

5 Zellbiologie

Mikroskopieren

Das Mikroskop

- **Stativ:** Halt, Befestigung
- **Okular:** enthält Linse
- **Tubus:** Röhre
- **Objektive** (am Objektiv-revolver): enthalten Linsen mit verschiedenen Vergrößerungen
- **Objekttisch:** Befestigen des Präparats (Klammern)
- **Triebrad:** verändert den Abstand Linse – Objekt
- **Blende:** Verdunkelung
- **Beleuchtung:** durch-leuchtet das Objekt

Das **Lichtmikroskop** ver-größert höchstens bis zu 2000-fach, das **Elektronen-mikroskop** millionenfach.

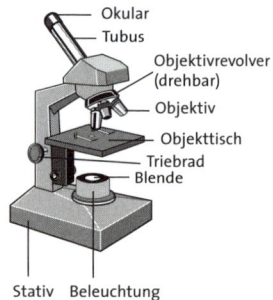

Beim **Mikroskopieren:**
- Tubus ganz hoch- bzw. Objekttisch ganz runter-fahren, kleinste Vergröße-rung einstellen,
- Präparat befestigen,
- Beleuchtung einstellen,
- Bildausschnitt scharf stellen.

Die Gesamtvergrößerung er-gibt sich durch Multiplikation der Vergrößerung von Okular und verwendetem Objektiv. Durch Verschieben des Präpa-rats ändert sich der Bildaus-schnitt. Es ist sinnvoll mit der kleinsten Vergrößerung zu beginnen, da man dann den größten Überblick hat.

Präparieren

Zum Mikroskopieren können Frisch- und Dauerpräparate verwendet werden. Herstellung eines **Frischpräparates:**

- Reinigen der Glasgeräte
- Auftropfen eines Wassertropfens
- Vorbereiten des Objekts
- Objekt auf Objektträger legen
- Deckgläschen vorsichtig auf das Objekt legen
- überschüssiges Wasser absaugen oder
- Farbstoff durchsaugen

Beim **mikroskopischen Zeichnen** müssen Bildausschnitt und Größenverhältnisse dokumentiert werden.

```
           Mikropräparate
          /              \
Frisch-                 Dauer-
präparat (FP)           präparat (DP)
Stunden haltbar         Jahre haltbar
Objekt in Wasser        Objekt in Harz
```

Objektträger, Deckgläschen in die Mitte des Objektträgers

dünne Schnitte anfertigen in den Wassertropfen

schräg herabgleiten lassen, Luftblasen vermeiden
mit Filterpapier

Farbstoffe: **Eosin,** Methylenblau
Die Vergrößerung wird so angegeben: 8 · 32
Es können entweder ein Ausschnitt oder das ganze Objekt gezeichnet werden.

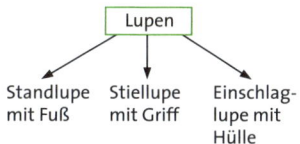

Die Lupe

Lupen enthalten eine Linse. Sie vergrößern meist bis zu 15-fach. Die Lupe wird über das Objekt gehalten und langsam hin und her bewegt.

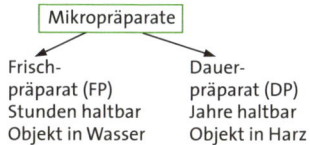

```
              Lupen
          /     |     \
Standlupe   Stiellupe   Einschlag-
mit Fuß     mit Griff   lupe mit
                        Hülle
```

Aufbau der Zelle

Alle Lebewesen bestehen aus einer oder mehreren (vielen) **Zellen.** Die Zellen der Lebewesen mit Zellkern (Eukaryoten, ↑ S. 4) besitzen **Zellorganellen** (Zellbestandteile) mit verschiedenen Funktionen.

Zellbestandteile		
Organell	**Aufbau**	**Aufgaben**
Zellmembran	Doppelschicht aus Lipiden und Proteinen	Stoffaustausch, Abgrenzung
Zellplasma	wässrige Lösung	Stofftransport
Zellkern	Kernmembran, Kernplasma, Kernkörperchen, Erbgut (↑ S. 64 f.)	Steuerung, Regelung, Mitose, Meiose (↑ S. 68)
Mitochondrien	Doppelmembran mit Einstülpungen (↑ S. 62)	Zellatmung
Ribosomen	RNA (↑ S. 65) und Proteine	Eiweißsynthese (↑ S. 66)
Chloroplasten	Doppelmembran mit Chlorophyll (↑ S. 60)	Fotosynthese
Vakuole	Bläschen mit Zellsaft	Speicherung
Zellwand	Celluloseschichten	Abgrenzung, Festigkeit

Gleichartige Zellen im Verband mit gleicher Funktion bilden ein Gewebe. Durch den Zusammenschluss mehrerer Gewebe zu einer Funktionseinheit entstehen Organe und Organsysteme. Organismen besitzen verschiedene Organsysteme mit unterschiedlichen Funktionen:

Zellen → Gewebe → Organe → Organsysteme → Organismen

Palisadenzellen → Palisadengewebe → Laubblatt → Samenpflanze

Bau von Pflanzen- und Tierzellen im Vergleich

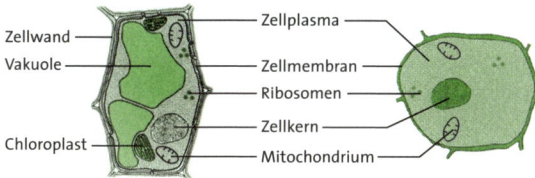

Zellplasma

Zellwand
Vakuole

Zellmembran
Ribosomen
Zellkern

Chloroplast

Mitochondrium

Pflanzenzelle   Tierzelle

Tierische Zellen haben nie Chloroplasten und keine Zellwand. Nur wenige tierische Zellen besitzen Vakuolen
(↑ S. 50, 7). Heterotrophe Pflanzenzellen (↑ S. 90) besitzen
ebenfalls keine Chloroplasten.

Zellwachstum und Zellformen

Nach der Zellteilung, (Mitose, ↑ S. 68), wachsen die Zellen
und differenzieren sich dabei, sie werden verschieden.
Zellstreckungswachstum tritt nur bei Pflanzenzellen auf.

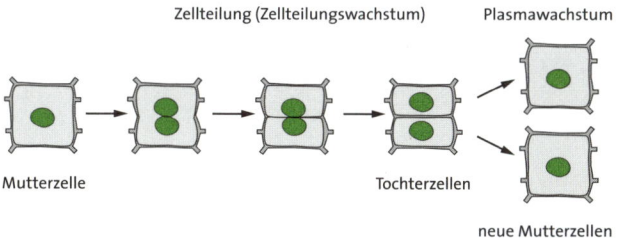

Zellteilung (Zellteilungswachstum)   Plasmawachstum

Mutterzelle   Tochterzellen

neue Mutterzellen

Zellteilungs- und Plasmawachstum einer Pflanzenzelle

Zellen sind unterschiedlich geformt. Tierische Zellen sind
oft kugelförmig, sie besitzen keine feste Zellwand. Pflanzenzellen sind oft vieleckig durch feste Zellwände.

Vom Einzeller zum Vielzeller

Im Verlauf der **Evolution** (↑ S. 74) haben sich aus Einzellern differenzierte Vielzeller entwickelt. Am Beispiel der heute lebenden **Grünalgen** lässt sich das nachvollziehen:

Auf der Erde leben heute Einzeller (↑ S. 7) neben Kolonien und einfachen sowie komplizierten Vielzellern.

Grünalgen (↑ S. 10) sind niedere Pflanzen, die im Wasser leben.

■ **Einzeller:** Die Hüllengeißelalge ist eine im Wasser lebende Grünalge. Sie hat eine Gallerthülle und bewegt sich mit zwei Geißeln fort.

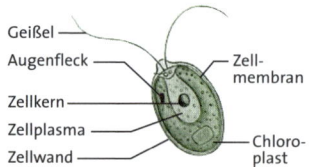

Geißel — Augenfleck — Zellkern — Zellplasma — Zellwand — Zellmembran — Chloroplast

Hüllengeißelalge, **Chlamydomonas**

■ **Kolonien** entstehen, wenn mehrere Zellen in einer Gallerthülle zusammenbleiben. Alle Zellen sind gleich aufgebaut und (theoretisch) allein lebensfähig.

Eudorina hat 32 Zellen in einer Gallerthülle.

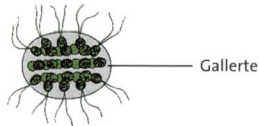

Gallerte

Höherentwicklung

einzellige Grünalgen (Chlamydomonas); →	Kolonien bildende Grünalgen (Eudorina); →	vielzellige Grünalgen (Meersalat);
nur eine Zelle mit den Lebensfunktionen	mehrere Zellen bilden eine Kolonie, die nur dem Schutz der Einzelzelle gilt; keine Funktionsteilung	zunehmende Differenzierung und Funktionsteilung zwischen den Zellen

Einfache Vielzeller

Alle echten Vielzeller besitzen im Gegensatz zu Zellkolonien unterschiedlich aufgebaute Zellen mit verschiedenen Funktionen.

Eine Übergangsform zwischen Kolonie und echtem Vielzeller ist die Kugelalge **Volvox.** Sie lebt im Süßwasser und hat zwei Typen von Zellen:
■ Körperzellen mit Geißel für Fotosynthese und Fortbewegung
■ Fortpflanzungszellen (Ei- und Spermienzellen)

Bei den Grünalgen wird auch innerhalb der echten Vielzeller eine **Höherentwicklung** sichtbar.
■ Schlauchalge
■ Schraubenalge
■ Kraushaaralge
■ Meersalat, Ulva
Höhere Vielzeller besitzen echte Gewebe (↑ S. 50), so z. B. bei den Grünalgen die Armleuchteralgen.

Auch bei Blaualgen treten Zellkolonien auf. Bei Staatsquallen und Korallen (↑ S. 16) dagegen bilden viele mehrzellige Einzellebewesen eine sogenannte „Kolonie" (keine echte Kolonie).

Tochterkugeln

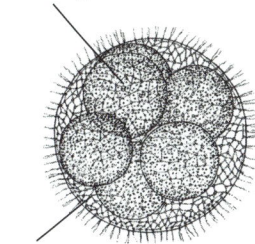

Körperzellen

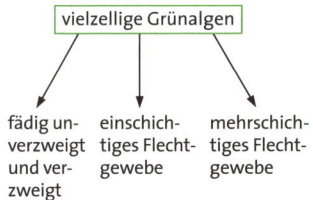

```
          vielzellige Grünalgen
```

| fädig un-verzweigt und ver-zweigt | einschich-tiges Flecht-gewebe | mehrschich-tiges Flecht-gewebe |

Stoff- und Energiewechsel in Zellen

In den Zellen finden ständig Stoff- und Energieumwandlungen statt. Stoffaufbauende Vorgänge, **Assimilation** (↑ S. 60), laufen nur unter Energiezufuhr ab. Stoffabbauende Vorgänge, **Dissimilation** (↑ S. 60), sind mit Energiegewinn verbunden.

Assimilation: Fotosynthese (↑ S. 60 f.) verbraucht Lichtenergie. Chemosynthese verbraucht chemische Energie.

Dissimilation: Zellatmung (↑ S. 62), Gärungen (↑ S. 63) setzen chemische Energie (ATP) frei.

Chemische Bestandteile von Zellen

Zellen setzen sich aus verschiedenen chemischen Verbindungen zusammen, die sich in anorganische und organische unterteilen lassen. Sie sind aus Elementen aufgebaut, die auch in der unbelebten Natur häufig vorkommen.

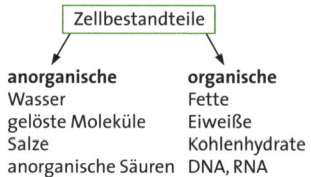

```
        Zellbestandteile
        ↙            ↘
anorganische        organische
Wasser              Fette
gelöste Moleküle    Eiweiße
Salze               Kohlenhydrate
anorganische Säuren DNA, RNA
```

Nachweise

Mithilfe von Nachweisreaktionen kann das Vorhandensein von Stoffen bewiesen werden.

Sicherheitsmaßnahmen und Gefahrstoffverordnung gelten in der Biologie genauso wie in der Chemie.

Anorganische Stoffe

Wasser als ein Hauptbestandteil aller Zellen löst durch seine Polarität viele Ionenverbindungen, z. B. Salze, Säuren oder Basen, in frei bewegliche **Ionen.**

Das Wassermolekül ist ein Dipol.

Gelöste Moleküle sind z. B. **Sauerstoff** oder **Kohlenstoffdioxid,** die im Stoffwechsel entstehen oder verbraucht werden.

■ **Sauerstoff** wird mit der **Spanprobe** nachgewiesen: Holzspan zum Glimmen bringen, in Reagenzglas mit Gas eintauchen, Span flammt auf (ab 30 % O_2).

■ **Kohlenstoffdioxid** wird in Calciumhydroxidlösung, $Ca(OH)_2$ oder Bariumhydroxidlösung, $Ba(OH)_2$, eingeleitet. Trübung durch Ausfällung von schwer löslichem Carbonat.

Salze und **Säuren** liegen fast immer gelöst vor. Sie sind wichtig für Stoffwechsel und Säuregrad der Lösung.

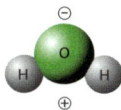

Sauerstoff   Kohlenstoffdioxid

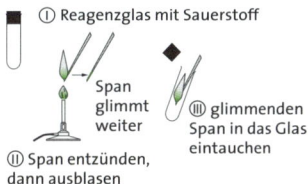

ⓘ Reagenzglas mit Sauerstoff

Span glimmt weiter

ⓘ glimmenden Span in das Glas eintauchen

ⓘ Span entzünden, dann ausblasen

Weg der Ausatmungsluft   Weg der Einatmungsluft

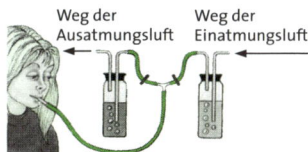

Nachweis von Kohlenstoffdioxid in der Ausatemluft

positive Ionen (Kationen):
Ca^{2+}; Na^+; H^+ (H_3O^+);
NH_4^+; Fe^{2+}
negative Ionen (Anionen):
CO_3^{2-}; Cl^-; PO_4^{3-};
CH_3-COO^- (Acetat-Ion)

Organische Stoffe

Eiweiße (Proteine) sind Grundbausteine der Zellen. Unlösliche Gerüstproteine stabilisieren die Zelle, lösliche Eiweiße sind im Stoffwechsel aktiv. **Enzyme** (↑ S. 59) sind meist Eiweiße. Nachweis von Eiweißen:

■ **Biuret-Reaktion:** 3 ml konzentrierte NaOH (Vorsicht!) und einige Tropfen $CuSO_4$- Lösung zugeben. Violettfärbung tritt auf.

■ **Xanthoprotein-Reaktion:** 3 ml konzentrierte HNO_3 (Vorsicht!) zugeben, vorsichtig erwärmen. Eine Gelb- bis Orangefärbung tritt auf.

Sie bestehen aus vielen miteinander verknüpften Aminosäuren. Die Eiweiße jedes Lebewesens setzen sich aus nur 20 Aminosäuren zusammen. Diese sind im genetischen Code (↑ S. 65) verschlüsselt.

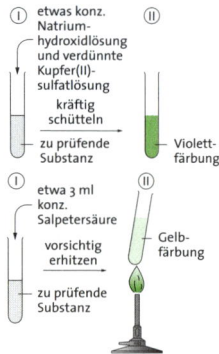

Die Nucleinsäuren DNA und RNA (↑ S. 64 f.) sind u.a. Träger der Erbinformation

Die DNA ist bei Eukaryoten (↑ S. 4) im Zellkern in den Chromosomen und auch in Mitochondrien enthalten.

Fette bestehen aus Glycerol (Glycerin) und drei Fettsäuren. Sie sind Bausteine der Zellmembranen. Fettgewebe enthält Fettvakuolen. Fette sind Energiespeicher der Zelle.

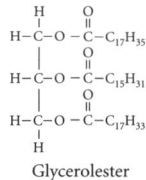

Glycerolester

Fettmolekül

■ Fette werden mit der **Fettfleckprobe** nachgewiesen. Fetthaltiger Stoff hinterlässt nach Trocknung auf Filterpapier einen Fettfleck.

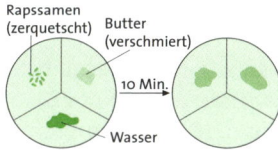

Rapssamen (zerquetscht) Butter (verschmiert)

10 Min.

Wasser

Kohlenhydrate: Traubenzucker (Glucose) und Fruchtzucker (Fructose) sind Einfachzucker (Monosaccharide).

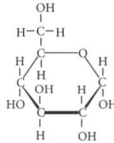

■ Nachweis von Traubenzucker: **fehlingsche Lösung** I und II im Verhältnis 1:1 mischen. Eine dunkelblaue Lösung entsteht. Zusammen mit der Glucose vorsichtig erwärmen. Es bildet sich ein ziegelroter Niederschlag. **Rohrzucker** und Malzzucker sind Zweifachzucker (Disaccharide).

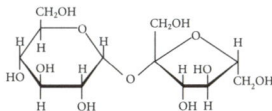

(I) auf Glucose zu prüfende Substanz
vorsichtig erhitzen
fehlingsche Lösung I und II
(II) ziegelroter Niederschlag

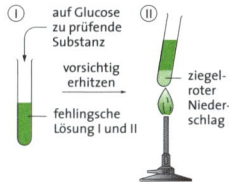

Stärke und **Cellulose** sind Vielfachzucker (Polysaccharide).

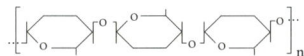

■ Stärke wird mit **Iod-Kaliumiodid-Lösung** nachgewiesen. Eine blauschwarze Färbung tritt auf.

Ausschnitt aus einem Cellulosemolekül

Cellulose weist man mit **Chlor-Zink-Iod-Lösung** nach. Eine blauviolette Färbung zeigt sich.

Transportvorgänge

Grundlage der Transportvorgänge sind die physikalischen Vorgänge Diffusion und Osmose.

■ Bei der **Diffusion** durchmischen sich zwei aneinandergrenzende Stoffe oder Stoffgemische ungehindert und vollständig. Die Teilchen wandern aufgrund ihrer Eigenbewegung *immer* zum Ort der niedrigeren Konzentration.
■ Bei der **Osmose** sind die Stoffe durch eine halbdurchlässige **(semipermeable) Membran** getrennt. Kleine Moleküle, z. B. Wasser (↑ S. 55), können hindurchtreten, größere, z. B. Glucose (↑ S. 57), nicht. Es findet kein Konzentrationsausgleich statt.

Höhere Temperaturen fördern die Eigenbewegung der Teilchen und beschleunigen Diffusion und Osmose.

Höhere Lebewesen haben oft komplexe Transportsysteme, z. B. Blutkreisläufe (↑ S. 27). Diffusion und Osmose treten im zellulären Bereich auf.

Gasaustausch in der Lunge (↑ S. 26)

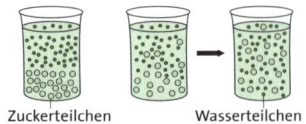

Zuckerteilchen   Wasserteilchen

Diffusion

Wasseraufnahme in die Wurzel
Zellmembranen sind semipermeabel.

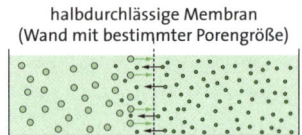

halbdurchlässige Membran
(Wand mit bestimmter Porengröße)

Osmose

Enzyme

Enzyme (veraltet Fermente) sind **Biokatalysatoren.** Sie bestehen aus Eiweißen (Eiweißanteilen). Enzyme sind:

■ **substratspezifisch,** d. h., jedes reagiert nur mit bestimmten Ausgangsstoffen (Substraten),

■ **wirkungsspezifisch,** d. h., jedes kann nur eine bestimmte Reaktion katalysieren.

Aufgepasst: Enzyme bilden oft mit dem Substrat einen Enzym-Substrat-Komplex.

Enzyme (Coenzyme) des Stoffwechsels in Zellen können auch nach Reaktionen eingeteilt werden:

■ Wasserstoffüberträger transportieren H_2,

■ Energieüberträger binden chemische Energie und geben sie wieder ab.

Enzyme beschleunigen meist chemische Reaktionen in der Zelle, indem sie deren Aktivierungsenergie herabsetzen.

Amylase $\rightarrow$ Stärke (Amylose) · Maltase $\rightarrow$ Malzzucker (Maltose)

Hydrolasen bewirken Spaltungen von Substraten unter Wasseranlagerung.

Enzymreaktion:

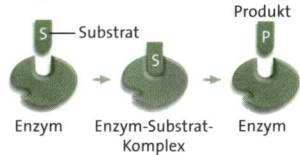

Enzym — Enzym-Substrat-Komplex — Enzym

NADP (Fotosynthese, ↑ S. 60)

ADP + P/ATP (Zellatmung, ↑ S. 62)

In den Zellen aller Lebewesen finden Stoffwechselvorgänge statt. Der Aufbau körpereigener organischer Stoffe aus körperfremden Stoffen ist die **Assimilation.**
Der Abbau von Stoffen zur Nutzung der enthaltenen chemischen Energie ist die **Dissimilation.**

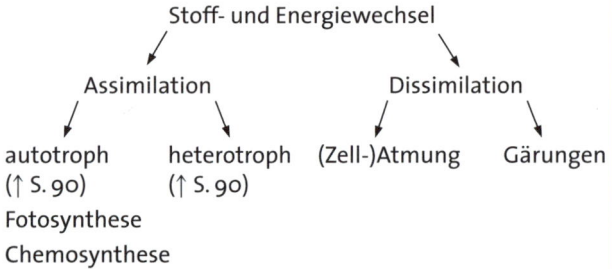

Stoff- und Energiewechsel

Assimilation   Dissimilation

autotroph   heterotroph   (Zell-)Atmung   Gärungen
(↑ S. 90)   (↑ S. 90)
Fotosynthese
Chemosynthese

Die Fotosynthese

Die Fotosynthese ist eine Form der **autotrophen Assimilation,** bei der aus Kohlenstoffdioxid und Wasser Traubenzucker (↑ S. 57) aufgebaut wird. Zusätzlich entsteht Sauerstoff. Der Prozess findet mithilfe von **Chlorophyll** und Zufuhr von Lichtenergie statt.

Bei fast allen Pflanzenzellen (↑ S. 50 f.) findet Fotosynthese in den **Chloroplasten** statt. Membranstapel enthalten den grünen Farbstoff Chlorophyll, der rotes und blaues Licht absorbiert.

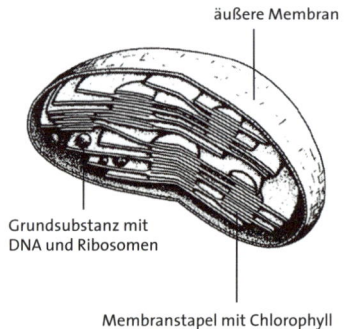

äußere Membran

Grundsubstanz mit DNA und Ribosomen

Membranstapel mit Chlorophyll

Ablauf der Fotosynthese

■ Ausgangsstoffe: Kohlenstoffdioxid (CO_2) und Wasser (H_2O)	aus der Luft (Landpflanzen) über die Spaltöffnungen aus dem Boden
■ Stoffumwandlung: Die Wassermoleküle werden gespalten. Dabei ist Lichtenergie nötig. Sauerstoff (↑ S. 55) entsteht. Dann wird aus CO_2 Traubenzucker (↑ S. 57) aufgebaut. Lichtenergie wird dabei in chemische Energie umgewandelt.	Sie findet am Chlorophyll statt. Der Wasserstoff der Wassermoleküle wird an einen Überträger (NADP, ↑ S. 59) angelagert und für die Bildung von Traubenzucker benötigt. Die Bildung organischer Stoffe, in denen Energie gespeichert wird, ist die Ernährungsgrundlage aller heterotrophen Lebewesen (↑ S. 90).
■ Reaktionsprodukte: Sauerstoff, O_2, und	O_2 wird an die Luft abgegeben oder dient als Ausgangsstoff zur Zellatmung.
Glucose, Traubenzucker, $C_6H_{12}O_6$	Umwandlung in Stärke und andere organische Stoffe

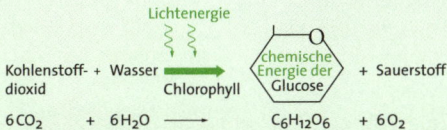

Lichtenergie

Kohlenstoffdioxid + Wasser →(Chlorophyll) chemische Energie der Glucose + Sauerstoff

$6\,CO_2$ + $6\,H_2O$ → $C_6H_{12}O_6$ + $6\,O_2$

Bedeutung der Fotosynthese

- ■ organische Stoffe als Nahrung für heterotrophe Lebewesen
- ■ Sauerstoff, O_2, für Atmung
- ■ Verbrauch von Kohlenstoffdioxid, CO_2
- ■ Umwandlung von Lichtenergie in chemische Energie

Zellatmung

Die Zellatmung ist eine Form der Dissimilation (↑ S. 60), die im **Mitochondrium** stattfindet. Traubenzucker wird vollständig abgebaut. Die Zelle gewinnt chemische Energie.

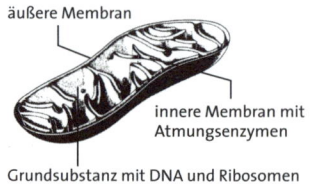

äußere Membran

innere Membran mit Atmungsenzymen

Grundsubstanz mit DNA und Ribosomen

Mitochondrium

Glucose	+ Sauerstoff	⟶ Atmungsenzyme	Kohlenstoffdioxid	+ Wasser;	**chemische Energie**
$C_6H_{12}O_6$	+ 6 O_2	⟶	6 CO_2	+ 6 H_2O;	**ATP**

Ablauf der Zellatmung:

■ Ausgangsstoffe: Sauerstoff, O_2, und Glucose, Traubenzucker, $C_6H_{12}O_6$

O₂ aus der Luft, Glucose aus der Nahrung (bei Pflanzenzellen durch Fotosynthese)

■ Stoffumwandlung: Traubenzucker wird schrittweise zerlegt. Die chemische Energie der Glucose wird an einen Energieüberträger (ATP, ↑ S. 59) gebunden.

ATP ähnelt einem Akkumulator. Es speichert Energie und gibt sie bei Bedarf wieder ab. Energie wird zur Aufrechterhaltung von Lebensprozessen gebraucht: Bewegung, Wachstum, aktive Transportvorgänge, Assimilation, Fortpflanzung

■ Reaktionsprodukte: Kohlenstoffdioxid, CO_2, und Wasser, H_2O

Gärungen

Gärungen sind Formen der Dissimilation, bei denen organische Stoffe ohne Sauerstoff (anaerob) meist unvollständig abgebaut werden. Die Zelle gewinnt chemische Energie.

Alkoholische Gärung:
Kohlenhydrate, z. B. Glucose, werden durch Enzyme der **Hefen** (↑ S. 8) zu Ethanol (Alkohol) und Kohlenstoffdioxid abgebaut.

Milchsäuregärung:
Kohlenhydrate, z. B. Glucose, werden durch Enzyme der **Milchsäurebakterien** zu Milchsäure abgebaut. Auch in Zellen der Wirbeltiere (Muskeln) gibt es Enzyme zur Milchsäuregärung.

Bei „Eiweißgärungen", z. B. Fäulnis, zersetzen (↑ S. 90) Bakterien oder Pilze stickstoffhaltige Eiweiße aus toter organischer Substanz.

Der chemische Umbau von Ethanol (Alkohol) zu Ethansäure (Essigsäure) wird fälschlich als Gärung bezeichnet. Essigsäurebakterien oxidieren Ethanol mit Sauerstoff.

$C_6H_{12}O_6 \rightarrow 2\ C_2H_5OH + 2\ CO_2$
energiereiches ATP entsteht

Bäckerhefe: gebildetes CO_2 lockert den Teig auf
Bier-, Weinhefe: Herstellung alkoholischer Getränke

$C_6H_{12}O_6 \rightarrow 2\ C_3H_6O_3$
Glucose   Milchsäure

Sauermilchprodukte: Quark, Käse, Joghurt, Buttermilch
Sauerteig: Roggenbrot, Sauerkraut
Silofutter (Silage)
Säureschutzmantel der Haut
(↑ S. 32)

5

6 Genetik

Zelluläre und molekulare Grundlagen

Chromosomen

Sie befinden sich im Zellkern (↑ S. 50). Ihre Anzahl ist jeweils artspezifisch. Ein Chromosom hat zwei **Chromatiden** mit je zwei Armen. Das Centromer hält sie zusammen. Chromosomensatz: Gesamtheit aller Chromosomen einer Zelle. **Gen:** Bereich auf dem Chromosom, verschlüsselt ein bestimmtes Merkmal. **Allel:** Variation *eines* Gens auf homologen Chromosomen.

Chromatin: Arbeitsform der DNA; Chromosomen: Transportform der DNA
homolog: Ähnlichkeit in Merkmalen aufgrund gemeinsamer Abstammung

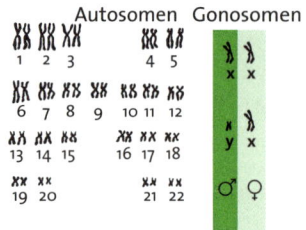

Chromosomen des Menschen (Karyogramm)

DNA (DNS)

Bausteine sind Zucker **(Desoxyribose)** (1), Phosphorsäurerest (2) und vier organische Basen (3): **Thymin** (T), **Adenin** (A), **Guanin** (G), **Cytosin** (C).

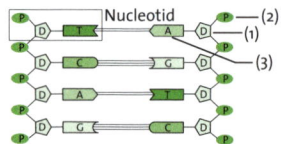

Doppelstrang (Ausschnitt) der **D**esoxyribo**n**uclein**s**äure, DNS (engl. Abkürzung: DNA)

Das DNA-Makromolekül bildet einen spiralig gedrehten Doppelstrang, die **Doppelhelix.**

ähnelt einer Wendeltreppe
Rand: Zuckerrest, Phosphorsäurerest
Stufen: A = T
G ≡ C

RNA (RNS)

Bausteine sind Zuckerreste **(Ribose),** Phosphorsäurereste und vier organische Basen: **Uracil** (U), **Adenin** (A), **Guanin** (G), **Cytosin** (C).
■ **m-RNA:** Boten-RNA (engl.: messenger = Bote) (1)
■ **t-RNA:** Transport-RNA (2)
■ **r-RNA:** Ribosomen-RNA (3)

Die **R**ibo**n**uclein**s**äure, RNS (engl. Abkürzung RNA), ist meist einsträngig und kürzer als die DNA. Drei Nucleotide bilden auch hier ein Triplett. Viren (↑ S. 5) können auch RNA als Erbsubstanz haben.
Eiweißsynthese (↑ S. 66):
(1) Kopieren des genetischen Codes; (2) Transport, Anlagerung von Aminosäuren; (3) Baustein der Ribosomen (↑ S. 50)

Ein **Nucleotid** besteht aus einem Zucker-, einem Phosphorsäurerest und einer organischen Base. Im **genetischen Code** ist die Erbinformation für die Eiweißsynthese (↑ S. 66) verschlüsselt. Drei Nucleotide **(Triplett)** codieren eine von 20 Aminosäuren (↑ S. 56). Mit der **„Code-Sonne"** können sie ermittelt werden.

Da Zucker und Phosphorsäurerest immer gleich sind, gibt man für die Nucleotide nur den Buchstaben der Base an.

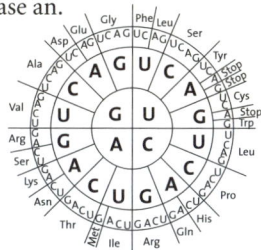

Die Code-Sonne wird von innen nach außen gelesen.

Eiweißsynthese

■ **Transkription:** „Abschreiben" der Basenreihenfolge (Nucleotidsequenz) von der DNA durch die m-RNA (↑ S. 65) im Kern, Wanderung der m-RNA ins Plasma zum Ribosom

■ **Translation:** Anlagerung von t-RNA-Tripletts mit zugehöriger Aminosäure an die m-RNA, Verknüpfung der Aminosäuren zum Eiweiß. Eiweiße sind Zellbausteine und wirken als Enzyme (↑ S. 59).

DNA-Triplett: Codogen
m-RNA-Triplett: **Codon**

m-RNA: Nucleotide lagern sich komplementär an:
U an A, A an T, C an G,
ein m-RNA-Strang entsteht.

t-RNA-Triplett: **Anticodon**
„Übersetzung" der Basenreihenfolge in Aminosäurekette vereinfacht: Ein Gen eines Chromosoms (↑ S. 64) verschlüsselt jeweils ein Eiweiß.
Gen → Enzym → Merkmal

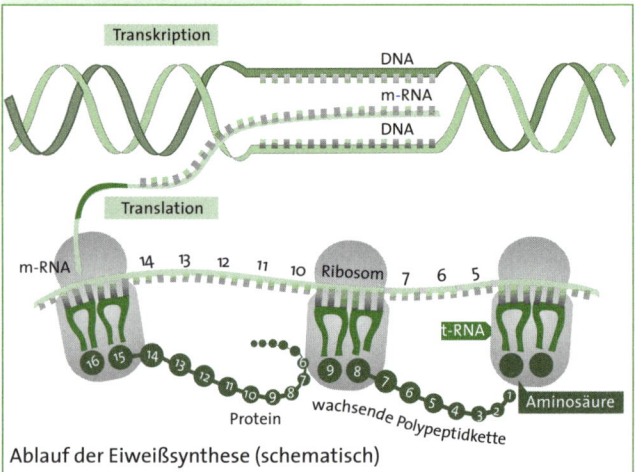

Ablauf der Eiweißsynthese (schematisch)

Mutationen

Mutationen sind Veränderungen des Erbgutes. Mutationen in Geschlechtszellen (Eizelle, Samenzelle) werden an die Nachkommen vererbt. Formen:

■ **Genmutation:** Veränderung *eines* Gens/einer organischen Base

■ **Chromosomenmutation:** Hierbei kommt es zu Veränderungen an *einem* Chromosom.

■ **Chromosomensatz-** oder **Genommutation:** Veränderungen der *Anzahl* der Chromosomen

Körperzellen geben die mutierte Erbinformation durch Mitose (↑ S. 68) an neue Körperzellen weiter.

auch: Punktmutation Nucleotidverlust/-verdopplung, Basenaustausch

Stückverlust/-verdopplung, Drehung, Überkreuzung mit Stückaustausch („crossing over")

Verlust/Verdopplung einzelner Chromosomen, Verminderung/Vervielfachung des ganzen Chromosomensatzes

6

Mutagene sind mutationsauslösende Faktoren, z. B. Chemikalien oder physikalische Einflüsse. Mutationen können für ein Individuum sehr schädlich sein. In der Evolution können sie jedoch zur Höherentwicklung beitragen (↑ S. 74), weil auch neue Eigenschaften mit besserer Anpassung an Lebensräume entstehen können.

Mutagene sind z. B. Formaldehyd, Teerstoffe, UV-, Röntgen-, radioaktive Strahlen. Bei *spontanen Mutationen* sind Mutagene nicht erkenntlich.
Erbkrankheiten: Genmutationen (Farbenblindheit, Phenylketonurie, ↑ S. 72, Sichelzellenanämie)
Genommutation: Trisomie 21 („Downsyndrom", ↑ S. 72)

Mitose

Mitose ist eine Form der **Kernteilung** mit anschließender Zellteilung, bei der aus *einer* Körperzelle *zwei* genetisch identische entstehen. Vor Mitose und Meiose findet eine Selbstverdopplung der DNA (↑ S. 64) statt, die **identische Replikation.**

■ **Prophase:** Kernmembran löst sich auf, Chromosomen (↑ S. 64) bilden sich aus dem Chromatin, Spindelapparat entsteht

■ **Metaphase:** Chromosomen ordnen sich in der Zellmitte an

■ **Anaphase:** Trennung von Chromosomen, diese werden durch Spindelfasern zu den Zellpolen gezogen

■ **Telophase:** neue Kernmembran entsteht, Chromosomen werden wieder zu Chromatin, neue Zellmembran wird gebildet

Bedeutung: Wachstum, Erneuerung von Körperzellen, ungeschlechtliche Fortpflanzung

Verlauf: DNA-Strang teilt sich, neue Nucleotide lagern sich an (komplementäre Basenpaarung), zwei identische DNA-Stränge trennen sich

Meiose

Meiose ist die Kernteilung mit anschließender Zellteilung. Aus *einer* Körperzelle entstehen *vier* genetisch verschiedene Zellen.

Erste Reifeteilung:

■ Prophase 1: Paarung homologer (↑ S. 64) Chromosomen, Kernmembran löst sich auf, Spindelapparat entsteht

■ Metaphase 1: Anordnung der gepaarten Chromosomen in der Zellmitte

■ Anaphase 1: Trennung homologer Chromosomen

■ Telophase 1: Bildung von zwei Zellen

Zweite Reifeteilung:

■ Prophase 2: Kernmembran löst sich auf, Spindelapparat entsteht

■ Metaphase 2: Anordnung der Chromosomen in der Zellmitte

■ Anaphase 2: Chromatiden werden getrennt und wandern zu den Polen

■ Telophase 2: Bildung neuer Membranen

Da bei der Befruchtung (↑ S. 35) Erbgut der Eltern verschmilzt, muss der Chromosomensatz vorher „halbiert" werden.

Prophase 1

Metaphase 1

Anaphase 1

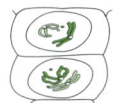
Telophase 1

6

Prophase 2

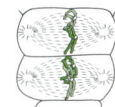
Metaphase 2

Anaphase 2

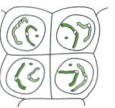
Telophase 2

Die mendelschen Regeln wurden 1865 von Gregor Mendel nach Kreuzungsversuchen mit Erbsen formuliert:
In sogenannten diploiden Zellen gibt es jedes Gen zweimal, als Allel auf den homologen Chromosomen ($\uparrow$ S. 64).

- **homozygot** (reinerbig, Allele sind gleich)
- **heterozygot** (mischerbig, Allele sind verschieden)
- **dominantes** Allel (wird ausgebildet)
- **rezessives** Allel (wird unterdrückt)
- **kodominante** Allele (Mischform wird ausgebildet, **intermediärer Erbgang)**

1. mendelsche Regel – Uniformitätsregel

Kreuzt man zwei Individuen einer Art, die sich in einem (reinerbig vorliegenden) Merkmal unterscheiden, so sind die Nachkommen (F_1) in diesem Merkmal alle gleich (uniform) und mischerbig.

Vererbung der Samenform bei Erbsen (dominant-rezessiver Erbgang):

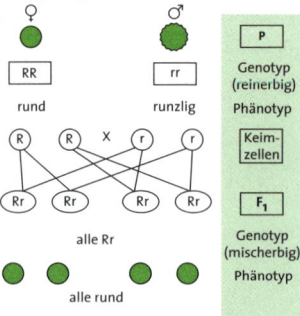

alle Rr mischerbig (heterozygot)
alle Rr rund (dominant-rezessiver Erbgang)

Darstellung des Erbgangs als Tabelle

dominantes Allel:	großer Buchstabe	P:	Eltern (Parental-)Generation
rezessives Allel:	kleiner Buchstabe		
Genotyp:	Allelkombination	F1:	erste Nachkommen (Filial-)Generation
Phänotyp:	Erscheinungsbild		

2. mendelsche Regel – Spaltungsregel

Kreuzt man zwei in einem Merkmal uniforme, mischerbige F$_1$-Nachkommen **(F$_1$-Bastarde)** miteinander, so sind deren Nachkommen (F$_2$) in diesem Merkmal verschieden, das Merkmal spaltet sich auf:

- dominant-rezessiver Erbgang: 3 : 1 (Phänotyp)
- intermediärer Erbgang: 1 : 2 : 1

z. B. Samenform

♀ ⁄ ♂	R	r
R	RR	Rr
r	Rr	rr

		Genotyp	Phänotyp
1	x	RR (reinerbig)	rund
2	x	Rr (mischerbig)	rund
1	x	rr (reinerbig)	runzlig
		1:2:1	3:1

z. B. Blütenfarbe

♀ ⁄ ♂	R	W
R	RR	RW
W	RW	WW

		Genotyp	Phänotyp
1	x	RR (reinerbig)	rot
2	x	RW (mischerbig)	rosa
1	x	WW (reinerbig)	weiß
		1:2:1	1:2:1

3. mendelsche Regel – Unabhängigkeitsregel

Kreuzt man zwei Individuen einer Art, die sich in zwei (reinerbig vorliegenden) Merkmalen unterscheiden, so sind die Nachkommen in F$_1$ in diesen Merkmalen alle gleich (uniform) und mischerbig. In F$_2$ treten Neukombinationen auf. Die Allele werden unabhängig voneinander vererbt.

6

P → F$_1$

♀ ⁄ ♂	GR	GR
gr	GgRr gelb, rund	GgRr gelb, rund
gr	GgRr gelb, rund	GgRr gelb, rund

G Gelb: dominant
R Rund: dominant
g Grün: rezessiv
r Runzlig: rezessiv

F$_2$-Generation

♀ ⁄ ♂	GR	Gr	gR	gr
GR	GGRR	GGRr	GgRR	GgRr
Gr	GGRr	GGrr	GgRr	Ggrr
gR	GgRR	GgRr	ggRR	ggRr
gr	GgRr	Ggrr	ggRr	ggrr

Genotyp: GGRR, GGrr, ggRR, ggrr reinerbig;
            GGRr, GgRR, GgRr, Ggrr, ggRr
            mischerbig

☐   reinerbige Neukombinationen

Phänotyp: 9 gelb/rund, 3 gelb/runzlig,
            3 grün/rund, 1 grün/runzlig

Zahlenverhältnis: 9 : 3 : 3 : 1

Angewandte Genetik

Mithilfe der Genetik können Erbkrankheiten erforscht, Tiere und Pflanzen gezielt gezüchtet und kann Erbgut verändert werden.

Heilungsmöglichkeiten für Erbkrankheiten gibt es derzeit noch nicht. Es ist nur eine Behandlung der Krankheitszeichen (symptomatisch) möglich.

Erbkrankheiten

■ Die **Bluterkrankheit** basiert auf einer Punktmutation (↑ S. 67) des X-Chromosoms. Die Blutgerinnung ist stark verzögert.

Frauen: XX; *Männer:* XY Männer mit fehlerhaftem X sind Bluter. Mischerbige Frauen sind gesund, jedoch Überträgerin.

■ Die **Phenylketonurie** beruht auf der Punktmutation eines Autosoms. Das Enzym Phenylalaninhydroxylase wird nicht hergestellt. Folgen sind geistige Schäden, Lähmungen, Krämpfe.

Das mutierte Gen ist rezessiv. Die Erkrankung kann durch eine spezielle Diät behandelt werden.
Bei allen Neugeborenen in Deutschland wird deshalb der **Guthrie-Test** auf PKU durchgeführt.

■ Die **Trisomie 21** wird auch **Downsyndrom** genannt. Das Chromosom Nr. 21 ist dreimal statt doppelt vorhanden. Folgen sind geistige Behinderung, Muskelschwäche, gedrungener Wuchs, rundliche Züge, gedrungene Finger.

Durch gestörte Meiose (↑ S. 69) werden die homologen Chromosomen Nr. 21 nicht getrennt. Es gibt einen Zusammenhang zwischen dem Alter der Mutter und Trisomie 21. Je älter die Mutter, desto höher das Risiko.

Züchtung

Mithilfe der mendelschen Regeln (↑ S. 70) können Pflanzen und Tiere gezielt gekreuzt werden. Neue Rassen mit erwünschten Eigenschaften werden gezüchtet.

Pflanzenzüchtung: Krankheitsresistenz, Kältetoleranz, Ertragssteigerung
Tierzüchtung: Krankheitsresistenz, höhere Milch- und Fleischleistung, frühere Geschlechtsreife

Gentechnologie

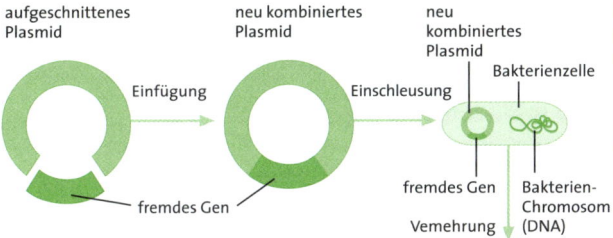

aufgeschnittenes Plasmid — Einfügung — neu kombiniertes Plasmid — Einschleusung — neu kombiniertes Plasmid, Bakterienzelle, fremdes Gen, Bakterien-Chromosom (DNA), Vermehrung

fremdes Gen

Prinzip der Gentechnologie

Die Gentechnologie befasst sich mit der Analyse, Isolation, Veränderung und dem Einbau von Genen in Lebewesen:

■ Isolierung: „Zerschneiden" der DNA mit Enzymen („Restriktionsenzyme"), Trennen der Bruchstücke

■ Strukturaufklärung: Analyse der Basenreihenfolge (↑ S. 65) der DNA, Sequenzanalyse

■ Einbau des isolierten Gens in ein Transportmittel, ein **Plasmid** (ringförmige DNA von Bakterien/Viren) mit Enzymen (Ligasen)

■ Einschleusen des fremden Gens mit dem Plasmid in eine Wirtszelle, Vermehrung

7 Evolution

Historische Entwicklung

Evolution ist die Entwicklung einfacher, primitiver zu komplizierten, hoch entwickelten Lebewesen. Im Verlauf der Erdzeitalter (↑ vordere Klappe) fand durch zunehmende Differenzierung und Zentralisierung die zunehmende **Höherentwicklung** statt.

Das heutige System der Lebewesen (↑ S. 4) spiegelt diese Entwicklung wider.

Höherentwicklung beinhaltet generelle Vervollkommnung, zunehmende Komplexität, bessere Umweltanpassung.

Evolutionstheorien

■ **Jean Baptiste de Lamarck:** Vererbung erworbener Eigenschaften führt zum Artenwandel.

1744−1829
französischer Botaniker und Zoologe

■ **Georges Cuvier:** Katastrophen vernichten Arten, neue werden erschaffen

1769−1832
französischer Zoologe, „Katastrophentheorie"

■ **Charles Darwin:** Variabilität der Arten ist Voraussetzung für natürliche Auslese, d. h. Selektion (↑ S. 75)

1809−1882
britischer Naturforscher, Begründer der modernen Evolutionstheorie

Evolutionsfaktoren

Die Ursache der Evolution liegt im Zusammenwirken der Evolutionsfaktoren.

Mutationen · Neukombination · Selektion · Isolation

Variabilität

Variabilität ist das Auftreten erblicher oder nicht erblicher Unterschiede bei Artgenossen. Ursachen:
- Umwelteinflüsse
- Mutationen
- Neukombinationen

Variabilität ist die Grundlage der Evolution.

Variationsbreite: Ausmaß der Schwankung

Modifikationen, nicht erblich
erblich (↑ S. 67)
3. mendelsche Regel (↑ S. 71)

Selektion

Selektion ist eine natürliche **Auslese** durch Umweltbedingungen. Lebewesen, die gut angepasst sind, haben einen höheren Fortpflanzungserfolg.

Grundlage der Selektion ist die Variabilität.
stabilisierende Selektion: gleichbleibende Umweltbedingungen → Art bleibt gleich; **transformierende Selektion:** veränderte Bedingungen → Artenwandel

Selektionsfaktoren sind für Lebewesen entweder günstig, dann erhöht sich ihr Fortpflanzungserfolg, oder ungünstig, dann verringert sich die Fortpflanzungschance.

abiotische Umweltfaktoren (↑ S. 84): Wasserangebot in Trockengebieten, Lichtintensität, Jahreszeiten
biotische Umweltfaktoren: *innerartlich:* Konkurrenz um Nahrung, Raum; *zwischenartlich:* Konkurrenz, Feinde

7

Isolation

Die Paarung von Artgenossen wird verhindert. Dadurch findet eine Unterbrechung des Genflusses statt. Das Erbgut der Artgenossen kann sich nicht mehr vermischen. Die Teilpopulationen entwickeln sich getrennt weiter.

Verhinderung der Paarung: klimatisch · ökologisch · jahreszeitlich · ethologisch

Durch Mutation, Neukombination und Selektion entstehen im Laufe großer Zeiträume zuerst neue Rassen, dann neue Arten.

Klimatische oder **geografische Isolation** findet statt, wenn Populationen (↑ S. 89) durch Barrieren getrennt werden. **Ökologische Isolation** ergibt sich aus verschiedenen Standortansprüchen der Artgenossen.

auch: allopatrische Artbildung

Grünspecht/Grauspecht
Eisbarriere · Kältesteppe · Gebirgsbildung
Ringeltaube/Hohltaube

Boden-pH-Wert · Nahrung

Zusammenwirken der Evolutionsfaktoren:
Mutation und Neukombination wirken zufällig. Die Selektion wirkt richtend. Nach einer Isolation bewirken genetische Vielfalt und Selektion die Entstehung neuer Arten.

neue Eigenschaften entstehen, Variabilität wird erhöht

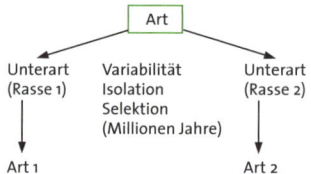

Art

Unterart (Rasse 1) — Variabilität Isolation Selektion (Millionen Jahre) — Unterart (Rasse 2)

Art 1 — Art 2

Belege für die Evolution

Für die Entwicklung von Lebewesen gibt es direkte und indirekte Belege.

direkt: experimentelle Genetik, Züchtung
indirekt: Vergleich von Strukturen, Abläufen, Verbreitung

Homologie/Analogie

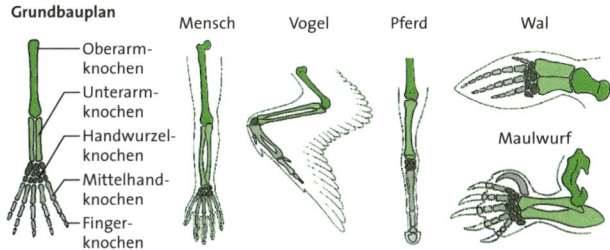

Grundbauplan — Mensch — Vogel — Pferd — Wal — Maulwurf

- Oberarmknochen
- Unterarmknochen
- Handwurzelknochen
- Mittelhandknochen
- Fingerknochen

Vordergliedmaßen als homologe Organe bei Wirbeltieren

Homologe Organe finden sich bei verwandten Arten. Sie haben den gleichen Grundbauplan und einen gemeinsamen Ursprung.

Progressionsreihen zeigen die Entwicklung vom Einfachen zum Komplexen, d. h. die Vervollkommnung von Organen.

- Zentralnervensysteme/ Gehirne;
- Blutkreisläufe/Kammerung des Herzens

Analoge Organe finden sich bei *nicht* verwandten Arten. Aufgrund ähnlicher Funktion ist der äußere Bau ähnlich. Die Grundbaupläne sind verschieden und haben keinen gemeinsamen Ursprung.

Konvergenz oder konvergente Entwicklung ist gleichgerichtete Entwicklung. Analoge Organe entstehen durch ähnliche Umweltbedingungen und Selektion.

- Speicherknollen: Kartoffel/Dahlie;
- Flügel: Vogel/Insekt

Rudimente

Rudimentäre Organe (Rudimente) sind **Rückbildungen.** Nach Änderung von Umweltbedingungen verkümmern nunmehr unwichtige Organe ohne Minderung der Überlebenschancen. Organreste deuten auf Verwandtschaft oder gemeinsame Abstammung hin.

Regressionsreihen zeigen unterschiedlich weit fortgeschrittene Rückbildungen. Die Arten sind nicht auseinander hervorgegangen, sondern haben gemeinsame Vorfahren.
Flügelskelett der Straußenvögel · Gliedmaßen von Eidechsen · Staubblätter der Rachenblütler

Brückenlebewesen

Brückenlebewesen sind Lebewesen, die gleichzeitig Merkmale einer stammesgeschichtlich jüngeren und älteren Gruppe aufweisen. Sie belegen Verwandtschaftsverhältnisse.
■ Der **Quastenflosser,** Latimeria, ist ein rezentes Brückenlebewesen. Er besitzt Merkmale von Knochenfisch und Lurch.
■ Der **Urvogel,** Archaeopteryx, ist ein fossiles Brückenlebewesen. Er besitzt Merkmale von Kriechtier und Vogel.

auch: **Übergangsform**

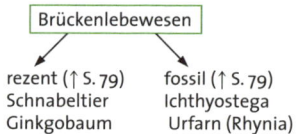

Brückenlebewesen

rezent (↑ S. 79)	fossil (↑ S. 79)
Schnabeltier	Ichthyostega
Ginkgobaum	Urfarn (Rhynia)

Fischmerkmale	Lurchmerkmale
Flossen	sackförmige Lunge
Schuppen	Flossen mit innerem Knochenskelett
Fischgestalt	
Kiemen	

Kriechtiermerkmale	Vogelmerkmale
Zähne	Federn
kleines Brustbein	Flügel
Flügel mit Krallen	z.T. hohle Knochen
viele Schwanzwirbel	

Fossilien

Fossilien sind Spuren oder Reste von Lebewesen. Die ältesten Fossilien sind Moleküle biologischen Ursprungs. Fossilien sind Beweise für die Evolution (↑ S. 74). Verwandtschaftsverhältnisse und Entwicklung der Arten können daraus abgeleitet werden. **Fossilisation** ist die Entstehung von Fossilien.

rezent: heute lebend
fossil: ausgestorben

biogene Kohlenwasserstoffe: „Fig-Tree-Serie" in Swasiland, ca. 3,1 Mrd. Jahre

Echte Vielzeller traten frühestens vor ca. 650 Mio. Jahren (Präkambrium) auf.

Nach Art der Fossilisation werden die Fossilien eingeteilt.

Fossilien/Fossilisation

Bezeichnung	Beschreibung	Beispiel
Hartteile	dauerhafte Teile	Skelettteile
Mumifikation	Konservieren durch Einfrieren, Säure oder Wasserentzug	Mammuts Moorleichen Hitzemumien
Inkohlung	Abbau pflanzlicher Substanz ohne O_2 zu C mit Druck und Hitze	Steinkohle mit Baumfarnen und Schachtelhalmen
Versteinerungen	Füllen von Hohlräumen mit Salzlösung, Verdunsten des Wassers	verkieselte Pflanzen, „versteinertes" Holz
Körperfossilien	ganzer Körper bleibt unversehrt	Insekten in Bernsteinen
Steinkern (Sonderform)	ausgefüllter Hohlraum eines Lebewesens	Ammonit Belemnit
Abdruck (Sonderform)	verfestigtes Abbild von Teilen oder Lebensspuren	Fußspuren

7

Mensch und Menschenaffen sind eng verwandt und stammen von gemeinsamen Vorfahren ab.

Unterstamm: Wirbeltiere → Klasse: Säugetiere → Ordnung: Primaten → Unterordnung: Affen → Familie Pongidae: Orang-Utan, Familie Hominidae (Menschenaffen): Schimpanse, Gorilla, Mensch (Homo sapiens)

Gemeinsamkeiten und Unterschiede

Der Vergleich zeigt viele Gemeinsamkeiten:

Hände/Füße: fünf Fingerstrahlen · Grundaufbau des Gehirns · gleiche Organsysteme · ähnliche Verhaltensweisen · Intelligenz · Selbstkenntnis · genetische Übereinstimmung bis 99 %

Unterschiede:

Menschenaffen	Mensch
Wirbelsäule einfach gekrümmt · Becken schmal, brettartig gestreckt · hintere Extremität seitlich abgeknickt: „Kletter-Extremität" · Hände hakenartiges Kletterorgan · großer Gesichtsschädel; Hirnvolumen bis 500 cm³ (Gorilla) · u-förmiger Zahnbogen	Wirbelsäule doppelt s-förmig · Becken breit, schaufelartig gekrümmt · Schulterblätter rückwärts verlagert · hintere Extremität gerade: „Stand-Schreit-Extremität" · Greifhand, querstellbarer Daumen · großer Hirnschädel, Hirnvolumen bis etwa 1500 cm³ · parabolischer Zahnbogen

Evolution des Menschen

Vorfahren

Mensch und Menschen-affen haben gemeinsame Vorfahren:

■ **Aegyptopithecus:** fünf-höckrige Zähne

■ **Proconsul:** Greifhände und Greiffüße, kein auf-rechter Gang

■ **Ramapithecus:** kleine Eckzähne, kein aufrechter Gang

Diese Vorfahren werden auch **Hominoiden** genannt.

auch: Propliopithecus; Fundort: Ägypten; lebte vor ca. 33 Mio. Jahren

auch: Dryopithecus; Fundort: Victoriasee; lebte vor ca. 20 Mio. Jahren

Fundorte: Afrika, Europa, Asien; lebte vor ca. 12 Mio. Jahren

Zwischenglieder in der Entwicklung sind:

■ **Australopithecus afa-rensis:** aufrechter Gang, Hirnvolumen ca. 500 cm³

■ **Australopithecus africanus:** zierlich, klein, aufrechter Gang, Hirn-volumen bis 700 cm³

■ **Australopithecus robustus/A. boisei:** groß, kräftig, starker Knochen-bau, Hirnvolumen bis 700 cm³

Die Fossilbelege für das Tier-Mensch-Übergangsfeld (ca. 5 Mio. Jahre) sind lückenhaft. *auch:* „Südaffe"; Fundorte: Afrika; lebte vor ca. 4 Mio. Jahren; **„Lucy":** ca. 1 m groß, 27 kg, 30 Jahre

gleicht A. afarensis; Fundorte: Afrika; lebte vor ca. 2 Mio. Jahren

Fundorte: Afrika; lebte vor ca. 2 Mio. Jahren; menschen-affenähnlich; ausgestorben vor ca. 1 Mio. Jahren

Direkte Vorfahren

■ **Homo habilis:** („geschickter Mensch", Affenmensch) vor ca. 1,8 Mio. Jahren in Kenia; Werkzeuggebrauch; Hirnvolumen bis 800 cm³

■ **Homo erectus:** („aufrechter Mensch", Urmensch) vor ca. 1 Mio. Jahre in Afrika, China, Südostasien; Werkzeugherstellung, Verwendung von Feuer; Hirnvolumen bis 1225 cm³

■ **Homo (sapiens) neanderthalensis: („Neandertaler",** Altmensch) vor ca. 300 000 Jahren in Europa; Werkzeuge, Feuerstellen, Totenbestattung, Sprache; Hirnvolumen bis 1700 cm³; vor ca. 30 000 Jahren ausgestorben

■ **Homo sapiens sapiens:** fossiler Eiszeitmensch; lebte parallel mit dem Neandertaler; rezenter Jetztmensch; Hirnvolumen bis 1500 cm³; Körperbau und Eigenschaften wie heutiger Mensch

Stammbaum des Menschen:

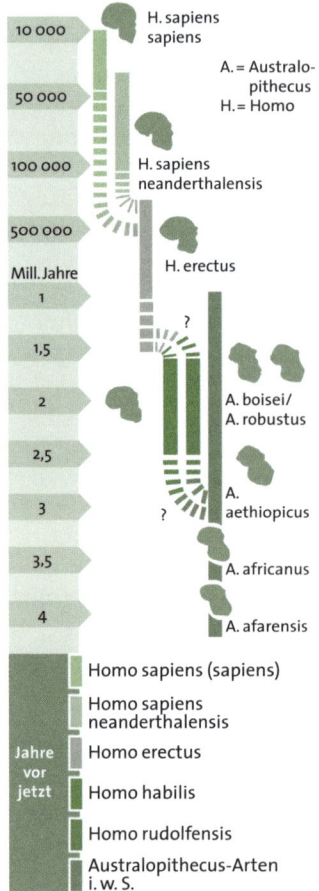

A. = Australopithecus
H. = Homo

H. sapiens sapiens

H. sapiens neanderthalensis

H. erectus

A. boisei / A. robustus

A. aethiopicus

A. africanus

A. afarensis

10 000
50 000
100 000
500 000
Mill. Jahre
1
1,5
2
2,5
3
3,5
4

Jahre vor jetzt

Homo sapiens (sapiens)

Homo sapiens neanderthalensis

Homo erectus

Homo habilis

Homo rudolfensis

Australopithecus-Arten i. w. S.

Zeitliches Auftreten der verschiedenen Menschen- und Vormenschenarten

Der Mensch heute

Alle auf der Erde lebenden Menschen gehören zu einer Art: Homo sapiens sapiens. Gemeinsame Merkmale sind Skelett, Organsysteme, Aufbau und Funktion des Gehirns, Stoffwechsel, Chromosomen (↑ S. 64), Verhaltensuniversalien.

Geografische Gruppen:

■ **Europide:** Haut hellrötlich bis hellbraun; Gesicht reliefreich; langer Rumpf, schlanker Wuchs; Haare glatt bis wellig

■ **Negride:** Haut hellbraun bis schwarzbraun; Gesicht wenig reliefreich; kurzer Rumpf; Haare kraus, dicht

■ **Mongolide:** Haut hellgelblich bis olivbraun; Gesicht rundlich, flach; langer Rumpf, untersetzt; Haare glatt, straff

Heute vermischen sich die verschiedenen Menschengruppen und ihre Kulturen zusehends.

Der Begriff „Menschenrassen" ist veraltet. Genetische Untersuchungen zeigen weitgehende Übereinstimmung der Populationen verschiedener Erdteile. Durch unterschiedliche Umweltbedingungen, Isolation und Migration (Wanderung), entstanden drei geografische Gruppen bzw. typologische Kategorien.

Europa, Nordafrika, Kleinasien, Südasien, Vorderer und Mittlerer Orient
Körperbehaarung: stark
Gesamtpigmentierung: schwach

Afrika, südlich der Sahara
Körperbehaarung: sehr schwach
Gesamtpigmentierung: stark

Ostasien, Zentralasien, China, Korea und Japan
Körperbehaarung: gering
Gesamtpigmentierung: mittel

7

8 Ökologie

Abiotische Umweltfaktoren

Faktor Licht

Licht wird zur Fotosynthese (↑ S. 60) benötigt.
■ **Lichtblätter:** kleiner, dicker, oft mehrere Schichten Palisadengewebe
■ **Schattenblätter:** größer, dünner, nur eine Schicht Palisadengewebe

Umwelt: alle Faktoren, die auf Lebewesen einwirken

belebt (biotisch)   unbelebt (abiotisch)

Kurztagpflanzen: Blütenbildung bei weniger als 12 Stunden Licht
Langtagpflanzen: Blütenbildung bei mehr als 12 Stunden Licht

Faktor Wasser

■ **Wasserpflanzen:** große, dünne Blätter, kein Festigungs- und Wasserleitungsgewebe
■ **Feuchtpflanzen:** große, dünne Blätter mit vorgewölbten Spaltöffnungen, dünne Kutikula
■ **Trockenpflanzen:** kleine, dicke Blätter, eingesenkte Spaltöffnungen, dicke Kutikula

auch: **Hydrophyten;** leben im Wasser; Hornblatt · Wasserlinse · Wasserpest · Seerose

auch: **Hygrophyten;** Landpflanzen in immerfeuchten Gebieten; Sumpfdotterblume · Begonie · Aronstab

auch: **Xerophyten;** an trockenen Standorten; Heidekraut · Lorbeer · Dickblattgewächse · Myrte

- **Feuchtlufttiere:** feuchte, drüsenreiche, nackte Haut (Hautatmung)

leben in immerfeuchten Gebieten
Lurche (↑ S. 20) · Nacktschnecke · Regenwurm

- **Trockenlufttiere:** zum Schutz vor Austrocknung bedeckte Haut: Horn, Fell, Federn

können in trockenen und feuchten Gebieten leben
Kriechtiere (↑ S. 21) · Vögel (↑ S. 22) · Säuger (↑ S. 23)

Faktor Boden

Bodenstruktur, Wasser und Nährstoffgehalt sind für Lebewesen von Bedeutung.

Der Boden ist ein Lebensraum. Teilchen- und Porengröße sind wichtig für die darin lebenden Tiere und Mikroorganismen.

Zeiger- und Indikatorpflanzen

Umweltfaktor	Pflanzliche Zeigerarten	Beispiele
Bodenreaktion sauer (pH-Wert 3 bis 6,5)	Säureanzeiger	Heidelbeere, Warzenbirke, Schlängelschmiele
Bodenreaktion basisch (pH-Wert 7,5 bis 9)	Kalkanzeiger	Huflattich, Bingelkraut, Leberblümchen
Feuchtigkeit groß (feuchte Standorte)	Feuchtanzeiger	Sumpfdotterblume, Wiesenschaumkraut
Feuchtigkeit gering (trockene Standorte)	Trockenheitsanzeiger	Federgras, Silbergras
Stickstoffgehalt hoch	Stickstoffanzeiger	Große Brennnessel

8

Faktor Temperatur

Die Temperatur beeinflusst Stoffwechselprozesse bei wechselwarmen Tieren und bei Pflanzen.
Wechselwarme Tiere (↑ S. 19) können ihre Körpertemperatur nicht oder nur eingeschränkt regulieren. Sie sind von der Außentemperatur abhängig.
Gleichwarme Tiere (↑ S. 22) haben eine konstante Körpertemperatur und sind unabhängig von Außentemperaturen.

RGT-Regel: Erhöhung der Temperatur um 10 °C → Beschleunigung der Reaktion um das 2- bis 3-Fache

alle Wirbellosen · Fische · Lurche · Kriechtiere
Im Winter fallen sie in Winterstarre.

Vögel · Säugetiere
Die Anpassung an die kalte/nahrungsarme Jahreszeit erfolgt z. B. durch Winterruhe oder Winterschlaf.

Klimaregeln

Bergmann-Regel (Größenregel): Verwandte Arten gleich warmer Tiere sind in kälteren Verbreitungsgebieten größer und schwerer.
Allen-Regel (Proportionsregel): Die Körperanhänge verwandter Arten von gleichwarmen Tiere sind in kälteren Verbreitungsgebieten kleiner und kürzer.

geringerer Wärmeverlust durch kleinere Oberfläche (im Verhältnis zur Masse) Kaiserpinguin (115 cm, 30 kg) – Galapagospinguin (53 cm, 2 kg)

herausragende Oberflächen kühlen schneller ab → geringerer Wärmeverlust durch kleinere Oberfläche Polarfuchs (kleine Ohren) → Rotfuchs (mittelgroße Ohren) → Wüstenfuchs (große Ohren)

Toleranzbereich

Zur Beschreibung von Umweltfaktor und Reaktion des Lebewesens dient der Toleranzbereich. Das ist die Spanne eines Faktors, innerhalb der das Lebewesen seine Lebensprozesse aufrechterhalten kann.

■ **Maximum:** obere Grenze des Faktors
■ **Minimum:** untere Grenze des Faktors
■ **Optimum:** Bereich, in dem die von dem Faktor abhängigen Prozesse am besten ablaufen

Ökologische Potenz ist die Fähigkeit einer Art, Schwankungen eines Umweltfaktors in bestimmten Grenzen zu ertragen.

Das **Gesetz vom Minimum** besagt, dass die Stoffproduktion von dem Stoff begrenzt wird, von dem am wenigsten vorhanden ist.

Wirkung von Umweltfaktoren		
richtend anlockend abweisend	verändernd Modifikationen Adaptation	begrenzend (limitierend) Verbreitungsgebiet

Frei bewegliche Lebewesen suchen ihren Vorzugsbereich meist gezielt auf.

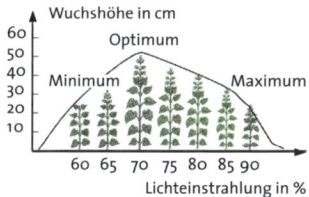

Toleranzbereich des Waldziests gegenüber dem Licht

stenök (stenopotent): geringe ökologische Potenz, oft Zeigerarten (↑ S. 85)

euryök (eurypotent): große ökologische Potenz, können fast überall leben, weitverbreitet

Es wurde 1862 von **Justus von Liebig** (1803–1873) formuliert. Es bezog sich ursprünglich auf die Primärproduktion (Fotosynthese, ↑ S. 60) von Nutzpflanzen.

8

Biotische Umweltfaktoren

Biotische Umweltfaktoren sind Lebewesen der gleichen oder anderer Arten.

innerartlich: Getreidepflanzen eines Feldes
zwischenartlich: „Wildunkraut" und Getreidepflanze

Konkurrenz

Konkurrenz ist der Wettbewerb von Lebewesen um einen knappen Umweltfaktor:
■ Konkurrenz um Licht
■ Konkurrenz um Raum
■ Konkurrenz um Nahrung
■ Konkurrenz um Paarungspartner

Lebewesen konkurrieren um Ressourcen.

Pflanzen im Bestand (Wald)
Revierkämpfe (↑ S. 47)
Kartoffelkäfer einer Population
Turnierkämpfe (↑ S. 46)

Symbiose

Symbiose ist das Zusammenleben zweier verschiedener Arten zum gegenseitigen Nutzen.
■ **Knöllchenbakterien** in den Wurzeln der Schmetterlingsblütengewächse
■ Bakterien im Magen/Darm von Tieren
■ **Flechten** sind eigenständige Lebewesen aus Pilz (↑ S. 9) und Alge.

Oft leben ein autotrophes und ein heterotrophes Lebewesen zusammen.

Bakterien liefern stickstoffhaltige Ionen; Pflanze liefert Fotosyntheseprodukte.

Bakterien bauen Cellulose ab; Nagetiere liefern Nahrung.

Die **Mykorrhiza** (↑ S. 9) besteht aus Pilz und Wurzel einer Samenpflanze.

Parasitismus

Parasitismus ist das Zusammenleben zweier Arten, wobei der Parasit dem Wirt direkt oder indirekt schadet.

■ Bakterien und Einzeller (↑ S. 6) scheiden Giftstoffe (Toxine) aus.
■ Pilze zerstören Zellen.
■ Würmer, Insekten und Spinnentiere entziehen dem Körper Nährstoffe.

```
              Parasiten
            ↙         ↘
Außenparasiten      Innenparasiten
(Ektoparasiten)     (Endoparasiten)
außen am Wirt       innen im Wirt
z. B. Kopflaus      z. B. Bandwurm
```

Erreger von Tetanus, Tuberkulose (↑ S. 28), Malaria, Amöbenruhr

Rost-/Brandpilze · Mehltau

Bandwurm · Spulwurm · Flöhe · Läuse · Zecken · Milben

Populationen

Eine Population ist die Gesamtheit aller Artgenossen in einem Lebensraum.
Die **Populationsdynamik** befasst sich mit der Populationsdichte und deren zeitlichen Schwankungen. Die Individuenanzahl einer Population hängt sowohl von
■ dichteunabhängigen Faktoren als auch von
■ dichteabhängigen Faktoren ab.

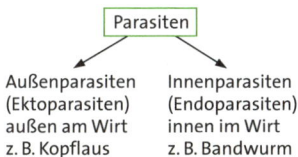

auch: Fortpflanzungsgemeinschaft
Marienkäfer einer Wiese · Buchen eines Mischwaldes

Populationsdichte: Anzahl der Individuen
Populationsschwankungen: abhängig von biotischen/ abiotischen Faktoren

zwischenartliche Konkurrenz · Klimafaktoren
innerartliche Konkurrenz · Stress · Feinde

8

Ökosysteme

Ökosysteme sind eine Einheit aus Lebensräumen **(Biotopen)** und darin befindlichen Lebensgemeinschaften **(Biozönosen).**

Merkmale sind z. B.:
■ räumliche und zeitliche Gliederung
■ Stoffkreislauf und Energiefluss
■ Selbstregulation
■ Entwicklung

Ökosysteme: Wald (↑ S. 92), See (↑ S. 93), Savanne, Meer
Biotope (Standorte): Hecke, Ufer, Wiese
Biozönosen: alle Lebewesen einer Wiese, alle Lebewesen einer Hecke

Zonierung im See · zeitliche Aspekte eines Mischwaldes
Produzent · Konsument · Destruent
ökologisches Gleichgewicht
Sukzessionen des Waldes

Nahrungsbeziehungen

Lebewesen eines Ökosystems ernähren sich voneinander.
■ **Produzenten: autotrophe** Lebewesen, stellen organische Stoffe aus anorganischen her
■ **Konsumenten: heterotrophe** Lebewesen, nehmen organische Stoffe auf und wandeln diese um
■ **Destruenten:** nehmen tote organische Substanz auf und zersetzen diese

grüne Pflanzen → Pflanzenfresser → Fleischfresser → Zersetzer

auch: Erzeuger; führen Fotosynthese (↑ S. 60) durch
pflanzliche Einzeller · Algen · Moose · Samenpflanzen

auch: Verbraucher
Primärkonsumenten (Pflanzenfresser), Sekundärkonsumenten, Tertiärkonsumenten (jeweils Fleischfresser)

auch: Reduzenten (Zersetzer)
Bakterien · Pilze · Regenwürmer

Nahrungsketten sind lineare Darstellungen der Nahrungsbeziehungen. **Nahrungsnetze** sind Systeme miteinander verbundener Nahrungsketten.

Alge → Wasserfloh → Plötze → Hecht → Mensch (↑ S. 93)

Sie stellen Nahrungsbeziehungen realistischer dar. Je enger das Nahrungsgefüge, umso stabiler das System.

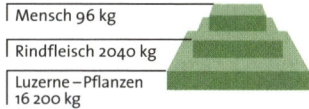

Die **Nahrungspyramide** stellt die sich entsprechenden Biomassen der jeweiligen Stufen dar.

Mensch 96 kg	
Rindfleisch 2040 kg	
Luzerne – Pflanzen 16 200 kg	

Energiefluss

Ökosysteme sind offene Systeme. Ein Teil der chemischen Energie wird von Ernährungsstufe zu Ernährungsstufe weitergegeben.

Jede Ernährungsstufe verbraucht die in der Zellatmung (↑ S. 62) erzeugte chemische Energie für Lebensprozesse, Wärmeenergie wird abgestrahlt.

Die **Energiepyramide** stellt die stetige Abnahme chemisch gebundener Energie der jeweiligen Stufen dar.

Menschliches Gewebe 35 kJ	
Rindfleisch $5 \cdot 10^3$ kJ	
Luzerne – Pflanzen $62 \cdot 10^5$ kJ	
Sonnenlicht $12 \cdot 10^7$ kJ	

In natürlichen Ökosystemen herrscht ein **biologisches Gleichgewicht.** Es beruht auf **Selbstregulation.** Die Nahrungs- und Energiebeziehungen sind stabil.

auch: ökologisches Gleichgewicht
Je artenreicher das Ökosystem, umso stabiler ist es. Menschlicher Einfluss kann das Gleichgewicht zerstören.

Ökosystem Wald

Kennzeichen des Ökosystems Wald sind dicht stehende Bäume.

Abiotische Faktoren: Licht und Temperatur sind abhängig von Stockwerk und Jahreszeit.

Wasser wird im Wald gespeichert, die Luftfeuchtigkeit ist höher als im Freiland.

Biotische Faktoren: Die Pflanzen bilden Stockwerke (Schichten), in denen zahlreiche Tierarten leben.

Naturwald: Urwald
Wirtschaftswald: vom Menschen angepflanzt

Kraut- und Moosschicht erhalten im Sommer nur etwa 2 % des Lichtes.

Moose (↑ S. 10) sind Wasserspeicher. Verdunstendes Wasser bewirkt Abkühlung.
Baumschicht: Vögel, Insekten
Bodenschicht: Würmer, Insektenlarven, Bakterien

Nahrungskette:

Fichtenzapfen ⟶ Eichhörnchen ⟶ Baummarder ⟶ Uhu
Haselnuss

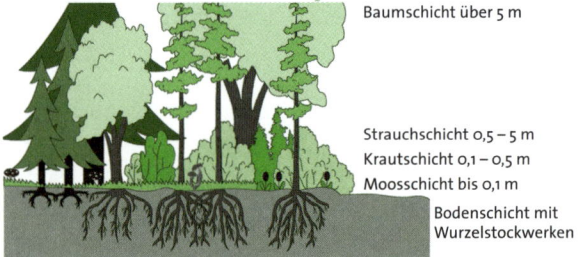

Baumschicht über 5 m

Strauchschicht 0,5 – 5 m
Krautschicht 0,1 – 0,5 m
Moosschicht bis 0,1 m
Bodenschicht mit Wurzelstockwerken

Schichtung in einem Mischwald

Ökosystem See

Kennzeichen des Ökosystems See sind Uferzonen und Tiefenzone.

Abiotische Faktoren: Licht und Temperatur sind abhängig von Zone und Jahreszeit.

Biotische Faktoren: Je nach Feuchtigkeit oder Wasserhöhe gibt es mehrere Zonen, in denen typische Artengemeinschaften leben.

Tümpel und Teiche sind flache, kleinere Gewässer. Ein See ist mehrere Meter tief.

Am Grunde des Sees herrschen auch im Winter mindestens 4 °C, da Wasser bei 4 °C die größte Dichte hat.

Röhrichtzone: Schilf, Binsen, Graureiher, Erdkröte
Schwimmblattzone: Seerose, Libelle, Flusskrebs,
Tiefalgenzone: Algen, Fische
Freiwasserzone: Enten, Insekten

Nahrungskette:

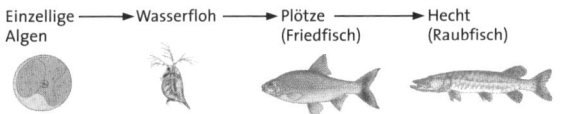

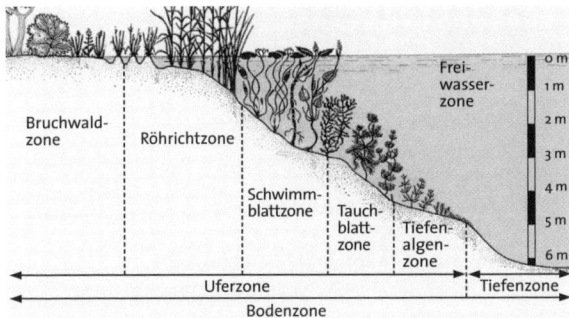

Einzellige Algen ──▶ Wasserfloh ──▶ Plötze (Friedfisch) ──▶ Hecht (Raubfisch)

Zonierung eines Gewässers

Testfragen

Hier kannst du testen, wie gut du den Schulstoff beherrschst. Zu jeder Frage gibt es genau *eine* richtige Antwort. Wenn du unsicher bist oder mehr wissen möchtest, zeigen dir die Seitenverweise am Rand, wo du ausführlichere Informationen findest. Die Lösungen stehen auf Seite 109.
Du kannst die Fragen auch als Lernquiz auf dein Handy herunterladen; wie das geht, steht auf der vorderen Umschlagklappe.

Lebewesen

↑ S. 6   **1**   Welcher Zellteil enthält die DNA von Bakterien?
- ☐ **a)** Die Kapsel.
- ☐ **b)** Das Zellplasma.
- ☐ **c)** Das Kernäquivalent.

↑ S. 17   **2**   Wie atmen Insekten?
- ☐ **a)** Mit Lungen.
- ☐ **b)** Mit Tracheen.
- ☐ **c)** Mit Kiemen.

↑ S. 23   **3**   Wo leben Säugetiere?
- ☐ **a)** Im Wasser, an Land oder in der Luft.
- ☐ **b)** Nur an Land.
- ☐ **c)** Nur an Land oder in der Luft.

↑ S. 12   **4**   Laubblätter dienen Pflanzen für die ...
- ☐ **a)** Aufnahme von Wasser.
- ☐ **b)** Abgabe von Sauerstoff.
- ☐ **c)** Abgabe von Kohlenstoffdioxid.

↑ S. 15   **5**   Ausläufer und Senker sind ...
- ☐ **a)** Formen ungeschlechtlicher Vermehrung.
- ☐ **b)** Formen von Genmutationen.
- ☐ **c)** Pflanzenformen.

6 Warum haben Vögel einen Muskelmagen? ↑ S. 22
☐ a) Zum besseren Fliegen.
☐ b) Weil sie keine Zähne haben.
☐ c) Zur Bildung von Kalzium für die Eier.

7 Welche Gelenke gibt es im menschlichen Skelett *nicht*? ↑ S. 24
☐ a) Sattelgelenk.
☐ b) Kugelgelenk.
☐ c) Scherengelenk.

8 Welche Pilze sind einzellig? ↑ S. 8
☐ a) Schimmelpilze.
☐ b) Hefepilze.
☐ c) Hutpilze.

9 Spinnentiere besitzen ... ↑ S. 17
☐ a) Facettenaugen.
☐ b) Komplexaugen.
☐ c) Punktaugen.

10 Die Flamme einer Kerze erfüllt alle Merkmale eines ↑ S. 4
Lebewesens. Warum ist sie trotzdem kein Lebewesen?
☐ a) Sie atmet nicht.
☐ b) Sie besteht nicht aus Zellen.
☐ c) Sie ist doch ein Lebewesen.

11 Wie viele Zähne gehören zum sogenannten Milchgebiss ↑ S. 31
des Menschen?
☐ a) 32
☐ b) 20
☐ c) 24

12 Wie nennt man die Wachstumsbewegung von Pflanzen ↑ S. 13
aufgrund von Lichtreizen?
☐ a) Fototropismus.
☐ b) Fotosynthese.
☐ c) Luminatismus.

95

↑ S. 20 **13** Welches Tier macht bei seiner Entstehung einen Gestaltwandel durch?
- ☐ **a)** Salamander.
- ☐ **b)** Eidechse.
- ☐ **c)** Schildkröte.

↑ S. 7 **14** Zu welchen Lebewesen rechnet man das Pantoffeltierchen?
- ☐ **a)** Zu den Tieren.
- ☐ **b)** Zu den Pflanzen.
- ☐ **c)** Zu den Einzellern.

↑ S. 19 **15** Tiere, die ihre Körpertemperatur nicht konstant aufrechterhalten, sind ...
- ☐ **a)** gleichwarm.
- ☐ **b)** wechselwarm.
- ☐ **c)** Kaltblüter.

↑ S. 16 **16** Wie pflanzen sich Hohltiere fort?
- ☐ **a)** Nur geschlechtlich.
- ☐ **b)** Nur ungeschlechtlich.
- ☐ **c)** Geschlechtlich und ungeschlechtlich.

↑ S. 9 **17** Mit welchem Pilz können Krankheiten bekämpft werden?
- ☐ **a)** Mit dem Pinselschimmel.
- ☐ **b)** Mit dem Mutterkorn.
- ☐ **c)** Mit dem Champignon.

↑ S. 11 **18** Der Tannenzapfen ist ...
- ☐ **a)** der Blütenstand der Tanne.
- ☐ **b)** der Fruchtknoten der Tanne.
- ☐ **c)** der Samen der Tanne.

↑ S. 34 **19** Wo werden die Samenzellen eines Mannes gebildet?
- ☐ **a)** In der Vorsteherdrüse.
- ☐ **b)** Im Hodensack.
- ☐ **c)** In den Hoden.

20 Sind Viren echte Lebewesen? ↑ S. 5
- ☐ **a)** Ja.
- ☐ **b)** Nein.
- ☐ **c)** Bestimmte Viren sind Lebewesen.

21 Wie nennt man den Gestaltwechsel beim Entstehen eines neuen Insekts? ↑ S. 17
- ☐ **a)** Metaebene.
- ☐ **b)** Metapher.
- ☐ **c)** Metamorphose.

22 Saurier sind verwandt mit ... ↑ S. 21
- ☐ **a)** Fischen.
- ☐ **b)** Lurchen.
- ☐ **c)** Kriechtieren.

23 Wie pflanzen sich Farne fort? ↑ S. 10
- ☐ **a)** Durch Samen.
- ☐ **b)** Durch Wurzeln.
- ☐ **c)** Durch Sporen.

24 Wie werden alle menschlichen Bewegungen gesteuert? ↑ S. 24
- ☐ **a)** Durch das Bewegungssystem.
- ☐ **b)** Durch die Muskulatur.
- ☐ **c)** Durch das Gehirn.

25 Welches Organ gehört zu den Verdauungsdrüsen des Menschen? ↑ S. 30
- ☐ **a)** Die Speiseröhre.
- ☐ **b)** Der Magen.
- ☐ **c)** Die Leber.

26 Wie haben sich Pflanzen an die Bestäubung durch Insekten angepasst? ↑ S. 14
- ☐ **a)** Durch leichte und kleine Pollen.
- ☐ **b)** Durch klebrige Pollen.
- ☐ **c)** Durch knallgelbe Pollen.

↑ S. 18 **27** Welches ist ein Wirbeltier?
- ☐ **a)** Garnele.
- ☐ **b)** Hai.
- ☐ **c)** Kalmar.

↑ S. 23 **28** Was ist *kein* Säugetier?
- ☐ **a)** Fledermaus.
- ☐ **b)** Delfin.
- ☐ **c)** Hai.

↑ S. 11 **29** Welche Pflanze ist eine Vertreterin der Nacktsamer?
- ☐ **a)** Buche.
- ☐ **b)** Rose.
- ☐ **c)** Ginkgo.

↑ S. 32 **30** Zwischen der Niere und der Harnblase des Menschen befindet sich ...
- ☐ **a)** der Harnleiter.
- ☐ **b)** die Harnröhre.
- ☐ **c)** die Harndrüse.

↑ S. 27 **31** Welche Blutgefäße des Menschen sorgen für den Stoffaustausch im Gewebe?
- ☐ **a)** Die Arterien.
- ☐ **b)** Die Venen.
- ☐ **c)** Die Kapillaren.

↑ S. 23 **32** Was ist *ein* wichtiges Merkmal aller Säugetiere?
- ☐ **a)** Sie bringen lebende Junge zur Welt.
- ☐ **b)** Sie sind wechselwarm.
- ☐ **c)** Sie sind Nesthocker.

↑ S. 25 **33** Welche Muskulatur des Menschen kann nicht durch den eigenen Willen gesteuert werden?
- ☐ **a)** Die quer gestreifte Muskulatur.
- ☐ **b)** Die glatte Muskulatur.
- ☐ **c)** Die längs gestreifte Muskulatur.

34 Wo bilden sich die reifen Eizellen der Frau? ↑ S. 34
- [ ] **a)** In der Gebärmutter.
- [ ] **b)** In den Eierstöcken.
- [ ] **c)** In der Vagina.

35 Wie bezeichnet man Lurche auch? ↑ S. 20
- [ ] **a)** Als Reptilien.
- [ ] **b)** Als Amphibien.
- [ ] **c)** Als Sauropoden.

36 Was zeichnet Einzeller aus? ↑ S. 7
- [ ] **a)** Sie besitzen einen echten Zellkern.
- [ ] **b)** Sie sind kugelförmig.
- [ ] **c)** Sie können sich nicht fortbewegen.

37 Welches Atmungsorgan des Menschen ist mit ↑ S. 26
Flimmerhaaren ausgestattet?
- [ ] **a)** Der Rachen.
- [ ] **b)** Die Luftröhre.
- [ ] **c)** Der Kehlkopf.

Biologische Prozesse

38 Welche Enzyme spalten Eiweiße in Aminosäuren? ↑ S. 31
- [ ] **a)** Pepsin.
- [ ] **b)** Lipasen.
- [ ] **c)** Maltase.

39 Pflanzliche Zellen sind in der Regel ... ↑ S. 51
- [ ] **a)** kugelförmig.
- [ ] **b)** oval.
- [ ] **c)** vieleckig.

40 Osmose und Diffusion stehen für ... ↑ S. 58
- [ ] **a)** physikalische Transportvorgänge zwischen Zellen.
- [ ] **b)** chemische Transportvorgänge zwischen Organen.
- [ ] **c)** chemische Transportvorgänge zwischen Organismen.

↑ S. 48 **41** Welches Hilfsmittel eignet sich hervorragend, um z. B.
Zellstrukturen sichtbar zu machen?
- ☐ **a)** Das Fernglas.
- ☐ **b)** Der Bunsenbrenner.
- ☐ **c)** Das Mikroskop.

↑ S. 56 **42** Welche Nukleinsäure ist *kein* Träger von Erbinformationen?
- ☐ **a)** LNA.
- ☐ **b)** DNA.
- ☐ **c)** RNA.

↑ S. 61 **43** Was sind die Reaktionsprodukte der Fotosynthese?
- ☐ **a)** Sauerstoff und Wasser.
- ☐ **b)** Sauerstoff und Kohlenstoffdioxid.
- ☐ **c)** Sauerstoff und Glucose.

↑ S. 70 **44** Die Augenfarbe eines Menschen äußert sich in seinem ...
- ☐ **a)** Genotyp.
- ☐ **b)** Phänotyp.
- ☐ **c)** Dominotyp.

↑ S. 37 **45** Welcher Teil des menschlichen Gehirns ist für das
Gedächtnis verantwortlich?
- ☐ **a)** Das Kleinhirn.
- ☐ **b)** Das Zwischenhirn.
- ☐ **c)** Das Großhirn.

↑ S. 55 **46** Wie lässt sich Sauerstoff in der Atemluft nachweisen?
- ☐ **a)** Mit der Knallgasprobe.
- ☐ **b)** Mit der Riechprobe.
- ☐ **c)** Mit der Spanprobe.

↑ S. 30 **47** Welches Nahrungsmittel ist ein wichtiger Lieferant von
Eiweißen?
- ☐ **a)** Nudeln.
- ☐ **b)** Fisch.
- ☐ **c)** Margarine.

48 Wo findet die Zellatmung statt? ↑ S. 62
- ☐ **a)** In den Chloroplasten.
- ☐ **b)** In den Mitochondrien.
- ☐ **c)** In den Ribosomen.

49 Was bilden gleichartige Zellen im Verband, die eine gleiche Funktion innehaben? ↑ S. 50
- ☐ **a)** Einen Organismus.
- ☐ **b)** Ein Organ.
- ☐ **c)** Ein Gewebe.

50 Wo befindet sich der Gleichgewichtssinn des Menschen? ↑ S. 39
- ☐ **a)** Im Innenohr.
- ☐ **b)** Im Mittelohr.
- ☐ **c)** Im Außenohr.

51 Welches Hormon reguliert in der Schilddrüse unter anderem den Stoffwechsel? ↑ S. 33
- ☐ **a)** Insulin.
- ☐ **b)** Östrogen.
- ☐ **c)** Thyroxin.

52 Welche Aufgabe übernimmt die m-RNA bei der Eiweißsynthese? ↑ S. 65
- ☐ **a)** Kopieren des genetischen Codes.
- ☐ **b)** Transport und Anlagerung des genetischen Codes.
- ☐ **c)** Sie bildet den Baustein der Ribosomen.

53 Wobei gewinnt die Zelle Energie? ↑ S. 54
- ☐ **a)** Bei der Assimilation.
- ☐ **b)** Bei der Dissimilation.

54 Welche Reize nehmen Sinneszellen und Sinnesorgane beim Schmecken auf? ↑ S. 37
- ☐ **a)** Schall bzw. mechanische Energie.
- ☐ **b)** Wärme und Kälte bzw. thermische Energie.
- ☐ **c)** Gelöste Stoffe bzw. chemische Energie.

↑ S. 51 **55** Was haben grüne Pflanzen, was Tiere nicht haben?
- ☐ **a)** Chloroplasten.
- ☐ **b)** Ribosomen.
- ☐ **c)** Zellmembranen.

↑ S. 57 **56** Wie heißt Traubenzucker auch?
- ☐ **a)** Maltose.
- ☐ **b)** Fructose.
- ☐ **c)** Glucose.

↑ S. 28 **57** Wie nennt man das Eindringen von Krankheitserregern in den Körper?
- ☐ **a)** Immunität.
- ☐ **b)** Infektion.
- ☐ **c)** Inkubation.

↑ S. 40 **58** Welche Reize werden beim Tasten aufgenommen?
- ☐ **a)** Thermische und chemische Reize.
- ☐ **b)** Thermische und mechanische Reize.
- ☐ **c)** Thermische und Lichtreize.

↑ S. 60 **59** Wie nennt man das Blattgrün von Pflanzen?
- ☐ **a)** Chloroplast.
- ☐ **b)** Chloroid.
- ☐ **c)** Chlorophyll.

↑ S. 38 **60** Wie nennt man die Anpassung des Auges an unterschiedliche Entfernungen?
- ☐ **a)** Akkomodation.
- ☐ **b)** Adaption.
- ☐ **c)** Akkumulation.

↑ S. 66 **61** Wo findet die Translation (Anlagerung) von t-RNA-Tripletts an die m-RNA statt?
- ☐ **a)** In den Chloroplasten.
- ☐ **b)** In den Mitochondrien.
- ☐ **c)** In den Ribosomen.

62 Veränderungen des Erbguts nennt man ... ↑ S. 67
- ☐ **a)** Mutagene.
- ☐ **b)** Mutationen.
- ☐ **c)** Permutationen.

63 Sind DNS und DNA das Gleiche? ↑ S. 64
- ☐ **a)** Ja.
- ☐ **b)** Nein.

64 Wie viele genetisch identische Körperzellen entstehen bei der Mitose aus einer Körperzelle? ↑ S. 68
- ☐ **a)** Zwei.
- ☐ **b)** Drei.
- ☐ **c)** Vier.

65 Was entsteht bei der Meiose aus einer Körperzelle? ↑ S. 69
- ☐ **a)** Vier genetisch identische Zellen.
- ☐ **b)** Zwei genetisch identische Zellen.
- ☐ **c)** Vier genetisch verschiedene Zellen.

66 Welche Funktion haben Fette hauptsächlich für die menschliche Ernährung? ↑ S. 56
- ☐ **a)** Sie sind Energielieferanten.
- ☐ **b)** Sie sind Gerüststoffe.
- ☐ **c)** Sie sind Baustoffe aller Zellen.

67 Woraus bestehen Enzyme als Biokatalysatoren in erster Linie? ↑ S. 59
- ☐ **a)** Aus Fetten.
- ☐ **b)** Aus Eiweißen.
- ☐ **c)** Aus Kohlenhydraten.

68 Was ist für die Verbindung zwischen den Nervenzellen untereinander oder zu den Organen verantwortlich? ↑ S. 36
- ☐ **a)** Die Synapsen.
- ☐ **b)** Die Nervenzellen.
- ☐ **c)** Die Neuriten.

↑ S. 64 **69** Wie nennt man die Gesamtheit aller Chromosomen einer Zelle?
- ☐ **a)** Chromatiden.
- ☐ **b)** Chromosomensatz.
- ☐ **c)** DNA.

↑ S. 72 **70** Worin liegt das Potenzial der mendelschen Regeln für die Landwirtschaft?
- ☐ **a)** Zucht krankheitsresistenter Pflanzen.
- ☐ **b)** Zucht weiblicher Tiere für die Milchindustrie.
- ☐ **c)** Zucht neuer Tierarten.

↑ S. 68 **71** Wie bezeichnet man die Selbstverdopplung der DNA?
- ☐ **a)** Identische Replikation.
- ☐ **b)** Identische Kopie.
- ☐ **c)** Identische Verdopplung.

↑ S. 72 **72** Das sogenannte Downsyndrom bezeichnet die Erbkrankheit ...
- ☐ **a)** Trisomie 25.
- ☐ **b)** Trisomie 21.
- ☐ **c)** Trisomie 15.

↑ S. 63 **73** Wie bei der Zellatmung gewinnen die Zellen auch bei der Gärung chemische Energie, allerdings anaerob. Was bedeutet das?
- ☐ **a)** Ohne Sauerstoff.
- ☐ **b)** Ohne Kohlenstoff.
- ☐ **c)** Ohne Enzyme.

↑ S. 74 **74** Selektion bedeutet in der Evolutionstheorie ...
- ☐ **a)** die Auswahl des Fortpflanzungspartners.
- ☐ **b)** der Eingriff des Menschen in die Natur.
- ☐ **c)** die natürliche Auslese durch Umweltbedingungen.

Evolution und Ökologie

75 Worauf können Zeigerpflanzen unter anderem hinweisen? ↑ S. 85
- ☐ **a)** Auf die Anwesenheit bestimmter Tierarten.
- ☐ **b)** Auf die Anzahl der Sonnenstunden im Winter.
- ☐ **c)** Auf den pH-Wert des Bodens.

76 Welches ist ein biotischer Umweltfaktor? ↑ S. 88
- ☐ **a)** Energie.
- ☐ **b)** Parasitismus.
- ☐ **c)** Klima.

77 Wie nennt man die gemeinsamen Vorfahren von Mensch und Menschenaffen? ↑ S. 81
- ☐ **a)** Homonoiden.
- ☐ **b)** Homo sapiens.
- ☐ **c)** Homo africanus.

78 Licht, Wasser, Boden und Temperatur gehören zu den ... ↑ S. 84
- ☐ **a)** abiotischen Umweltfaktoren.
- ☐ **b)** biotischen Umweltfaktoren.

79 Wie nennt man Zeigerpflanzen auch? ↑ S. 85
- ☐ **a)** Hinweispflanzen.
- ☐ **b)** Bodenzeiger.
- ☐ **c)** Indikatorpflanzen.

80 Wobei handelt es sich um einen Parasiten? ↑ S. 89
- ☐ **a)** Flechte.
- ☐ **b)** Zecke.
- ☐ **c)** Regenwurm.

81 Was haben die Flügel eines Adlers, die Grabearme eines Maulwurfs und der Arm eines Menschen gemeinsam? ↑ S. 77
- ☐ **a)** Sie haben einen gemeinsamen Ursprung.
- ☐ **b)** Sie haben dieselbe Funktion.
- ☐ **c)** Sie sind nahezu identisch.

↑ S. 87 **82** Innerhalb welcher Spanne eines Umweltfaktors kann ein Lebewesen seine Lebensprozesse aufrechterhalten?
- ☐ **a)** Innerhalb des Toleranzbereichs.
- ☐ **b)** Innerhalb des geografischen Umfelds.
- ☐ **c)** Innerhalb seiner Lebenserwartung.

↑ S. 74 **83** Wer begründete die moderne Evolutionstheorie?
- ☐ **a)** Jean Baptiste de Lamarck.
- ☐ **b)** Georges Cuvier.
- ☐ **c)** Charles Darwin.

↑ S. 82 **84** Wann starb der Neandertaler in etwa aus?
- ☐ **a)** Vor etwa 1 Million Jahren.
- ☐ **b)** Vor etwa 300 000 Jahren.
- ☐ **c)** Vor etwa 30 000 Jahren.

↑ S. 88 **85** Das Zusammenleben zweier verschiedener Arten zum gegenseitigen Nutzen nennt man ...
- ☐ **a)** Symbiose.
- ☐ **b)** Lebensgemeinschaft.
- ☐ **c)** Fressgemeinschaft.

↑ S. 78 **86** Wie nennt man Organe von Tieren, die sich durch Änderung der Umweltbedingungen zurückgebildet haben?
- ☐ **a)** Mumien.
- ☐ **b)** Fossilien.
- ☐ **c)** Rudimente.

↑ S. 92 **87** Welche Nahrungskette ist richtig dargestellt?
- ☐ **a)** Wasserfloh – Alge – Hecht – Plötze
- ☐ **b)** Alge – Plötze – Wasserfloh – Hecht
- ☐ **c)** Alge – Wasserfloh – Plötze – Hecht

↑ S. 85 **88** Welches Tier ist ein Feuchtlufttier?
- ☐ **a)** Krokodil.
- ☐ **b)** Salamander.
- ☐ **c)** Eidechse.

89 Stabilisierende Selektion führt ...
↑ S. 75
- [ ] **a)** zur Konstanz der Arten.
- [ ] **b)** zu einem Artenwandel.

90 Laut Evolutionstheorie sind Mensch und Menschenaffen eng verwandt. Wie groß ist die genetische Übereinstimmung? ↑ S. 80
- [ ] **a)** 58 %
- [ ] **b)** 99 %
- [ ] **c)** 92 %

91 Wofür steht Höherentwicklung? ↑ S. 74
- [ ] **a)** Anpassung an die Umwelt.
- [ ] **b)** Aussterben von Tierarten.
- [ ] **c)** Der Klügere gibt nach.

92 Wie passen sich manche Säugetiere an kalte und nahrungsarme Jahreszeiten an? ↑ S. 86
- [ ] **a)** Sie fliegen nach Süden in wärmere Gebiete.
- [ ] **b)** Sie halten Winterschlaf.
- [ ] **c)** Sie bevölkern die Randzonen der Städte.

93 Den Kampf um Lebensareale (Kampf um ein Revier) tragen Tiere oft aus durch ... ↑ S. 47
- [ ] **a)** Turnierkämpfe.
- [ ] **b)** Vernichtungskämpfe.
- [ ] **c)** Revierkämpfe.

94 Welches Brückenlebewesen gibt es heute noch? ↑ S. 78
- [ ] **a)** Den Archaeopteryx.
- [ ] **b)** Den Quastenflosser.
- [ ] **c)** Den Urfarn.

95 Instinkthandlungen werden oft dargestellt als ... ↑ S. 42
- [ ] **a)** Reiz-Reaktions-Kette.
- [ ] **b)** Nachahmungshandlung.
- [ ] **c)** Reflexhandlung.

↑ S. 90   **96**   Wer steht in der Regel am Ende von Nahrungsbeziehungen?
- ☐ **a)** Erzeuger.
- ☐ **b)** Verbraucher.
- ☐ **c)** Zersetzer.

↑ S. 78   **97**   Der Archaeopteryx besitzt Merkmale sowohl von ...
- ☐ **a)** Fischen als auch von Lurchen.
- ☐ **b)** Fischen als auch von Vögeln.
- ☐ **c)** Kriechtieren als auch von Vögeln.

↑ S. 86   **98**   Die Größenregel, nach der zum Beispiel Kaiserpinguine größer und schwerer sind als ihre Verwandten, die Galapagospinguine, heißt auch ...
- ☐ **a)** Allen-Regel.
- ☐ **b)** Bergmann-Regel.
- ☐ **c)** Darwin-Regel.

↑ S. 83   **99**   Alle auf der Erde lebenden Menschen gehören zu einer Art. Wie äußert sich das?
- ☐ **a)** Durch die gleiche Chromosomenzahl.
- ☐ **b)** Durch den gleichen Phänotyp.
- ☐ **c)** Durch die gleiche Blutgruppe.

↑ S. 87   **100**   Eurypotente Lebewesen ...
- ☐ **a)** können fast überall (über)leben.
- ☐ **b)** besitzen eine geringe ökologische Potenz.
- ☐ **c)** sind sehr groß.

↑ S. 76   **101**   Die Fauna und Flora auf den Galapagosinseln sind ein Beispiel für die Folgen der ...
- ☐ **a)** geografischen Isolation.
- ☐ **b)** künstlichen Selektion.
- ☐ **c)** willkürlichen Auslese.

↑ S. 91   **102**   Je artenreicher ein Ökosystem ist, ...
- ☐ **a)** desto stabiler ist es.
- ☐ **b)** desto instabiler ist es.

Lösungen

Lebewesen

1 c)	**20** b)
2 b)	**21** c)
3 a)	**22** c)
4 b)	**23** c)
5 a)	**24** c)
6 b)	**25** c)
7 c)	**26** b)
8 b)	**27** b)
9 c)	**28** c)
10 b)	**29** c)
11 b)	**30** a)
12 a)	**31** c)
13 a)	**32** a)
14 c)	**33** b)
15 b)	**34** b)
16 c)	**35** b)
17 a)	**36** a)
18 a)	**37** b)
19 c)	

Biologische Prozesse

38 a)	**57** b)
39 c)	**58** b)
40 a)	**59** c)
41 c)	**60** a)
42 a)	**61** c)
43 c)	**62** b)
44 b)	**63** a)
45 c)	**64** a)
46 c)	**65** c)
47 b)	**66** a)
48 b)	**67** b)
49 c)	**68** a)
50 a)	**69** b)
51 c)	**70** a)
52 a)	**71** a)
53 b)	**72** b)
54 c)	**73** a)
55 a)	**74** c)
56 c)	

Evolution und Ökologie

75 c)	**89** a)
76 b)	**90** b)
77 a)	**91** a)
78 a)	**92** b)
79 c)	**93** c)
80 b)	**94** b)
81 a)	**95** a)
82 a)	**96** c)
83 c)	**97** c)
84 c)	**98** b)
85 a)	**99** a)
86 c)	**100** a)
87 c)	**101** a)
88 b)	**102** a)

Bibliografische Information der Deutschen Nationalbibliothek
Die Deutsche Nationalbibliothek verzeichnet diese Publikation in der
Deutschen Nationalbibliografie; detaillierte bibliografische Daten sind
im Internet über http://dnb.ddb.de abrufbar.

2., aktualisierte und erweiterte Auflage

© 2010 Bibliographisches Institut AG, Mannheim,
und DUDEN PAETEC GmbH, Berlin

Redaktionelle Leitung Heike Krüger-Beer
Redaktion Elke Brechner, Marion Krause
Autoren Claudia Puhlfürst, Marion Krause

Herstellung Annette Scheerer
Typografisches Konzept Horst Bachmann
Illustrator Peter Lohse, Büttelborn
Umschlaggestaltung Michael Acker

Satz Robert Turzer, Tübingen
Druck und Bindung Offizin Andersen Nexö Leipzig GmbH
Printed in Germany

F E D C B A

ISBN 978-3-411-72562-5

Schneller heller!

Das SMS – Schnell-Merk-System gibt es für alle wichtigen Schulfächer. Kostenlos zu den Bänden der 5. bis 10. Klasse: das Handy-Lernquiz mit jeweils 100 Testfragen zu den wichtigsten Themen.

Deutsch
- Deutsch Rechtschreibung
  ISBN 978-3-411-72543-4
- Deutsch Diktat
  ISBN 978-3-411-72503-8
- Deutsch Grammatik
  ISBN 978-3-411-70583-2
- Deutsch Aufsatz
  ISBN 978-3-411-70603-7

Fremdsprachen
- Englisch Grammatik
  ISBN 978-3-411-72513-7
- Englisch Vokabeltrainer
  ISBN 978-3-411-72632-5
- Französisch Grammatik
  ISBN 978-3-411-72523-6
- Französisch Vokabeltrainer
  ISBN 978-3-411-72642-4
- Latein Grammatik
  ISBN 978-3-411-70623-5
- Latein Vokabeltrainer
  ISBN 978-3-411-73082-7
- Spanisch Grammatik
  ISBN 978-3-411-70542-9

Methodik
- Clever lernen
  ISBN 978-3-411-70562-7

Mathematik
- Mathematik
  ISBN 978-3-411-70353-1

Naturwissenschaften
- Physik
  ISBN 978-3-411-72533-5
- Chemie
  ISBN 978-3-411-72493-2
- Biologie
  ISBN 978-3-411-72562-5

Geschichte
- Geschichte
  ISBN 978-3-411-70372-2

SMS auch fürs Abi! Mehr Infos unter:
www.schuelerlexikon.de

Stichwortfinder